行動研究

《生活實踐家的研究錦囊》
You and Your Action Research Project

Jean McNiff
Pamela Lomax
Jack Whitehead
原著

吳芝儀 / 校閱
吳美枝、何禮恩 / 譯

濤石文化事業有限公司
WaterStone Publishers

國家圖書館出版品預行編目資料

行動研究：生活實踐家的研究錦囊
Jean McNiff，Pamela Lomax，Jack Whitehead
原著.；吳美枝，何禮恩譯 －－二版－－
嘉義市 ：濤石文化， 2002【民91】
面 ： 公分 參考書目：面 含索引
譯自：You and your action research project
ISBN 957-30248-7-X（平裝）
1.教育 — 研究方法

520.31 91007958

目 錄

校閱者序

　　近數年來，台灣的教育體系在新世紀教育改革理念的引領推動之下，各項教育政策不斷推陳出新，令人目不暇給。最受到大眾廣泛關切的無疑是最基礎且影響最為深遠的國民教育階段之變革。從開放教育、自學方案、多元評量、多元入學、小班教學、九年一貫、基本學力測驗等各項方案，無一不對國民教育階段的課程、教學、評量與行政組織等，產生激烈的衝擊。其中尤以國民中小學九年一貫課程的計畫與實施，獲得政府教育部門投注大量的時間、人力、物力等，被民間教育改革團體寄予最大的厚望，期能一舉改變國內長久以來僵化的、由上到下威權式的教育體制，活化教師的教育思維，並激發學生獨立思考和判斷的學習能力。而九年一貫教育改革能否真正奏效的主要關鍵，則取決於新世紀的國中小學教師能否掙脫「統一教材」的緊箍咒，而真正具備了課程設計與建構教學的專業知能。

　　鼓勵教師針對個人教育實務工作上所面臨的各類問題，思考其癥結和解決的方法，提出有助於改善現況的具體行動策略，實施行動策略並進行形成性評鑑以修正策略，透過總結性評鑑以彰顯實施成效，並在整個行動過程中省思個人的專業成長等，一系列行動研究（action research）的循環過程，則是促使教師能秉其專業知能設計課程與建構教學的最有效方法。識此之故，「教師動手做研究」（夏林清，遠流，1997）已成為推動教師行動研究的重要口號之一。

一般而言，行動研究目的是為了解決某一方案、組織或社群內部的一些特定問題。由組織中的實務工作者研究組織的問題，或自身所遭遇的難題，發展一套以改變現狀或解決問題為主的行動策略，並評估該行動策略的實施歷程，及實施的成效。研究者首須瞭解參與者的問題所在，蒐集資料以探索參與者對問題的觀點與覺察，與其他協同研究者共同討論分析問題，發展解決問題的策略並進行實際的嘗試，評估這些解決策略之效果，必要時修正策略，再持續不斷地瞭解問題、分析問題與嘗試問題的解決。此一循環的歷程有賴研究者和研究參與者建立協同合作的關係，才能共同建構出在該研究情境背景下最適切的解決方案，共同致力推動方案的實施，並達成方案所預期之成效，促成研究者與參與者雙方的成長與改變。

　　因此，行動研究應是任何社會科學領域實務工作者，為促進其本土人類社群之發展與進步，可採行的最佳研究策略。教育領域的實務工作者洞燭機先，目前在從事行動研究方面居於社會科學領域中的領先地位。

　　看似淺顯易懂的行動研究策略，在實際執行上卻很難完全被一般教師甚至教育研究者所掌握。許多美其名為「行動研究」的方案，觀其實卻仍是傳統問卷調查量化研究的舊酒新瓶；或者不僅遍尋不著研究目的，其研究過程更是漫無章法，甚至出現「行動即研究」的誤解，易使缺乏自主的行動研究淪為社會運動的白手套。二者皆非行動研究的本意。

　　有鑑於此，筆者在從事質的教育研究之餘，即立意尋找一本能提供簡要、具體、有系統的行動研究策略的好書，和讀者一起深入行動研究的世界，享受自己動手做研究的趣味。英國Bath University教育學者McNiff, Lomax, 和

Whitehead等人於1996年出版的「You and Your Action Research Project」就是這麼一本好書。

　　本書關注行動研究的各個階段，並採取一個實務工作者－研究者的取向（從行動計畫到書寫報告），提供一些具體有用的建議，包括蒐集、處理與詮釋資料的議題，以及行動研究報告的評鑑標準等。本書的實務取向將鼓舞讀者嘗試新的行動策略來改善他們自身的實務工作，並持續尋求更好的專業發展。

　　本書的譯者吳美枝小姐為國立中正大學犯罪防治研究所碩士，現任教於嘉義縣民雄國中，其碩士論文即是以行動研究策略試圖解決中輟復學生所面臨的教育和輔導問題，並將行動研究廣泛應用於教學實務中，致力於提升其教學效能。另一譯者何禮恩小姐為美國紐約長島大學(Long Island University)諮商教育碩士，目前服務於國立中正大學哲學系，並曾專兼任學生輔導中心輔導教師等職。他們二位在本書譯文上精益求精、務求流暢可讀的態度令人感佩！

　　本書的出版還要感謝濤石文化陳重光先生的大力支持，期待本書所提供的行動研究策略不僅能裨益教育實務研究，推動教育發展；更能被廣泛的社會科學領域實務工作者普遍接受，致力於以行動研究促成台灣教育和社會的革新與進步！

吳芝儀

謹誌於國立中正大學犯罪防治研究所

緒論

Jean McNiff, Pam Lomax, Jack Whitehead

　　本書寫作的起源，乃是回應數年來許多教育實務工作者一再地要求我們撰寫有關教育行動研究（educational action research）的概論。直到現在才進行本書，是因為以我們的觀點，我們認為沒有人可以告訴其他人如何去進行行動研究，沒有人可以詳細說明行動研究的整套原則、過程與程序，每個人都必須親自去體驗整個行動研究的歷程，才能獲致深刻的理解。

　　現在則有許多促使我們寫作這本書的動機。以「行動學習」（Action Learning）為題在Brisbane與Bath舉行的「第三世界國際會議」（Three World Congress，1990，1992，1994）中，有關「行動研究與過程管理」（Action Research and Process Management）的議題已顯示研究者對於教育行動研究的定義和優良行動研究的判斷標準，有著相當大的爭論。不過，也有些一致性的結論主張傳統的或非自我

省思的論述，無論其是否在某一情境中具有特定的價值，皆不能被視為是行動研究。其次，行動研究方法也持續出現在授予學位的課程中，有時是一單獨的學程，有時則以一種小型研討會的方式出現。由於我們支持且希望鼓勵自我省思的演練，並且要避免我們的行動研究工作被評斷為一種純技術性的操作。因此，我們必須強調你的原創性、想像力和創造能力在你自己的行動研究中的重要性。Pam和一些她的同事在Kingston大學的碩士學位課程中示範了許多的案例，顯示個別行動研究者如何保有研究的所有權。Jean在都柏林（Dublin）的好友Una Collins曾經說過：「在我學會跳舞之前，你必須先教我舞步」。行動研究只是眾多型態舞蹈中的一種，而我們所遵循的舞步也只是這類型舞蹈的一種版本。

我們希望以一種邀舞的精神來邀請你閱讀我們這本書。假如你認為我們所做的事有價值，那麼就採用它，並且試著在你的情境中開創你自己的研究取向。然後，藉由各種機會提供你所考量的方式，使得其他人有機會從你這兒獲得學習。

我們希望你能夠體驗我們「述說」（telling）如何進行行動研究的方式，並且瞭解在一個行動研究取向中，你的誠實和創造精神具有極大的價值。透過我們所描述的情境，我們希望以一種不侵犯你的完整性的方式來和你進行溝通。身為教育者，我們經常面對

許多問題，例如鼓舞人們展現自由、民主、光明以及自我的決心，但是絕不會以不適當的概念架構及權力關係來進行欺騙。我們所從事的大學教育工作，使我們推崇信任、誠實、正義的價值，並且鼓勵每個人及每個參與者能有所貢獻，共同開創一個更祥和、更公平、更具有公義的世界。

我們以此精神來寫作這本書。最高指導原則就是分享「好」的實務以及分享「好」的價值，以刺激人們去嘗試改善他們的實務。我們強調我們所擁有的知識是不完全的，必須持續不斷地重建及再創造；我們所做的只是與一起工作的夥伴們分享我們在這裡的工作成果，但多采多姿的想法持續不斷的湧現與重塑，夥伴們對於我們的想法以及工作中的不適當性不斷地提供修正的建議，我們從他們那裡獲得學習，他們也採納我們工作的心得和建議，這是一個「對話社群」（dialogical community）的寶貴經驗。

有一個很重要的訊息要傳達清楚。我們不呈現一個制式化的標準答案，只是呈現我們如何進行行動研究的過程，邀請你來一窺堂奧。總之，我們一再建議你必須策劃你自己的策略、實踐你的想法，採用我們的做法也許只能作為一種提示，使你有能力展開行動研究的自助旅程。

這本書裡並沒有太多冠冕華麗的言辭。當我們一起進行行動研究工作時，我們相當確認自己的改變，

假如你比較一下我們先前的工作，你將會發現在這本書的一些想法是具有發展性的，而且我們會從先前的工作中發現爭論的問題，經過討論之後達成共識，並且加以改善。這是行動研究者的權利之一，他們有權改變、改善現狀、放棄過往、找出差錯，以及充實他們的學習。

 本書讀者

近年來行動研究已被廣泛地應用在專業教育的職前與在職教育方案中，特別是師資教育（teacher education）方面。最近它的應用領域則已擴展到包含其他專業，例如醫療保健、專業服務、社會及軍事服務；也擴展到其他情境，例如宗教及政治發展。在其他一些情境中，行動研究則被視為參與實踐社會改革與文化革新行動的基礎；而在學校與社區情境中，行動研究更被青年人及成人奉為個人與社會發展的價值模式。

我們（Jean,Pam,Jack）是在一個繼續教育的專業課程中一起工作，其他情境的工作還包括學校教育與成人教育、經營管理與宗教社群等。因為我們是用自身的經驗來寫這本書，所以我們引用的例子主要都是來自於師資教育上。無論如何，我們希望強調行動研

究實際上在有關個人發展與專業發展上擁有無限大的研究範圍，不管研究者來自何種情境背景或訓練。行動研究是一種實際地投入於行動的研究形式，以沒有界限著稱，唯一的界限是個別研究者或參與者所自行建構的。因此我們希望這本書能夠應用於所有個別的、團體的或社區的學習經驗中。

 ## 三本行動研究書籍

　　本書是三本行動研究系列書籍中的第一本，它提供一些進行行動研究的建議，內容主要是我們自己進行教育行動研究的經驗，以及支持其他人進行他們自己的行動研究的經驗。本書的啟動力來自Jean，她以樂於關愛和照顧別人，且熱烈地投入師資教育工作，使優良的教師工作得以傳播而著稱。在都柏林的瑪利諾教育研究所（Marino Institute of Education，in Dublin），Jean幫助建立並主持一個教師研究的網絡，對行動研究的推動階段有很大的影響力。她正在進行發展鑑定早期學習材料選集的拓荒工作。我們相信這本書涵蓋一些有用的建議，提供給那些初學行動研究且希望促進其專業發展的人。

　　系列書籍中的第二本書包含了一些最好的個案研究案例，係從我們所支持的參與者中選錄出來，他們

貢獻其力量，增強及擴展了我們教育行動研究的網絡與社群，他們也對教育的知識貢獻甚多。這本書主要是來自Pam的靈感，記載了Pam在Kingston大學碩士學位課程中教授教育行動研究的許多經驗。包括記憶工作、教育管理、陳述表徵與教育標準判斷等例子，透過個體的學習、價值觀、了解、以及此種取向所揭示的生活經驗，以一種更開闊的形式來呈現。

在第三本書中，我們以教育行動研究取向的觀點，提供一個更接近理論的闡述，而且也以個案研究的題材，去呈現我們與其他人如何工作的實際情形。描繪出社會科學與教育行動研究間的差異，而且說明如何創造生活中的教育理論，例如直接有關於改善專業實務的經營、學生的學習、文化的革新、混沌與複雜理論等。本書的靈感來自於Jack，他公開了自己教育發展的報告，而且鼓勵我們去呈現我們的行動研究發展，透過對於「我如何改善我所進行的工作？」問題的探究，使我們能夠對教育與文化革新有所貢獻。

 ## 關於作者

Jean McNiff是一位揚名國際的教育顧問。她特別活躍於愛爾蘭，幫助人們去建立行動研究的專業發展。她是專業發展學程方案的主持人，任教於西英格

蘭大學合作的都柏林瑪利諾教育研究所（Marino Institute of Education, in Dublin），同時也是西英格蘭大學名譽客座教授。她的研究興趣包括教育理論與渾沌複雜理論、教育研究變化的本質，以及扮演傾聽的角色以支持實務工作的發展。

　　Pamela Lomax是英國Kingston大學教育研究所的教授，她的任務就是與實務工作者一起工作，特別是那些希望他們的工作能夠在高等教育得到鑑定的教師。她在Kingston大學提供的函授課程中，已經發展並且實施一系列創新的方案，包括Kingston大學被視為最好行動研究之一的碩士課程，以及合作學校所提供的學士後研究獎助方案。Pam在從事研究上具有相當多的經驗，但是最近幾年特別鍾愛行動研究的研究取向，她在Kingston大學設置一個大規模的行動研究中心，而且開放邀請任何想成為其中一份子者加入。她的工作已經被廣泛地出版，而且她更大力幫助其他較不知名的行動研究者，使他們的研究能有機會公諸於世。

　　Jack Whitehead是教育學講師，而且是Bath大學專業實踐行動研究中的一員，他同時也是學校教育理論行動研究團隊的召集人。身為一個教育研究人員及大學教師，在他自己有關教育及專業發展的自我學習中，他遭遇過也曾分析過一向作為有效與合法之教育標準的不同形式教育知識的權力關係。他對教育知識

最有獨創性的貢獻，包括主張我們每一個人都能夠描
述和詮釋我們對於「我如何改善我正進行的工作？」
這類問題的探究，並創造我們自己生活中的教育理
論。他的研究目前正聚焦於發展生活中的教育理論與
文化革新之關係，以促進教育的傳播，展現充實其宗
教的、美學的、倫理的、認識論的、政治的、經濟的
以及實用的價值。

Jean McNiff, Hyde Publications, 3 Wills Road,
Branksome, Poole, Dorset BH12 1NQ, U.K. e-
mail:mcniffhyde@eworld.com

Pam Lomax, Department of Education Kingston University,
Kingston Hill, Surrey KT2 7LB, U. K.
e-mail:p.lomax@kingston.ac.uk

Jack Whitehead, School of Education, University of
Bath,
Bath BA2, 7AY, U. K.
e-mail:a.j.whitehead@bath.ac.uk World Wide Web Action
Research Address-http://www.bath.ac.uk/～edsajw

Chapter 1
生活中的行動研究

本章將處理行動研究過程中所關注的一些基本議題。許多議題不只是適用於行動研究，也適用於一般的研究。只是行動研究有其特殊的特徵，使其與一般的研究不同。本章將幫助你釐清——「什麼是行動研究？」，以及「行動研究與其他研究有何不同？」。

本章的內容包括：

一、什麼是行動研究？

二、行動研究與其他研究的異同

三、行動研究過程的主要特徵

什麼是行動研究

　　行動研究（action research）為社會科學領域眾多研究方法中的一種，而行動研究本身也有許多的類型。當你計畫採取一個研究方案時，你必須了解現有社會科學領域中的許多研究方法，並證明為什麼行動研究是你的最佳選擇。

　　什麼是行動研究呢？我們以下列方式來說明：

實務工作者研究

　　行動研究是實務工作者研究（practitioner research）的一種型態，可以用來幫助你改善你在各種不同工作場所的專業實務（professional practices）。實務工作者研究簡單的說就是經由研究者個人進入自己的實務工作單位來完成研究。例如Jean曾在一所學校工作，並且和一群父母、老師一起討論如何為其家庭學校社區發展出一套行為的規範。除了共同討論出規範並且紀錄下來以外，他們決定去看看這些理念、規範是否真能在家庭學校社區中加以落實，他們決定記錄下他們曾經做過的事，然後提出在他們的實務工作中所發現的超出規範的行為。這個研究的主要觀念是除去研究的神祕面紗，一起建構一

個對於研究的認知：研究是一種手段、一種方法，可以用來改善我們自己社會脈絡中的生活品質。

　　我們相信一個實施良好的行動研究可以獲致如下的成果：

◆ 改善你自己的專業發展。
◆ 使專業實務更加卓越。
◆ 改善你的工作情境。
◆ 而且因為你的努力而締造更好的社會秩序。

　　這些強而有力的聲明希望能夠幫助你，使你能很有自信地進行行動研究。

優良的專業實務

　　你或許會說你已經實踐了行動研究，而且許多優秀的實務工作者以及你所使用的方法就是行動研究的形式；你也許時常省思你在實務工作上的優缺得失，並且根據你所學的來試圖加以改善。在這個觀點上，我們的見解是一致的。但是對於將優秀實務工作者所進行的非正式的、個人的調查，視為是資深行動研究者所進行的更精確的研究方法，此點我們將有所論辯。因為，許多非正式的調查只關注那些不包含參與者的技術層面，而不詢問他們自身的基本實務，而且一個較大的差異就是這些非正式的探究並不在公眾領域上發表，因此從沒有真正的開放，且接受較為嚴謹的挑戰。

良好的專業實務強調行動，但是不常詢問行動的動機。行動研究則強調「實踐」（praxis）而非只是「實務」（practice）。實踐是知其然地投入於行動，著重獲致知識，而不只是一個成功的行動。它是知其然的（informed），因為其他人的觀點也列入考量；它是踐諾投入的（committed）、是有意圖的（intentional），其價值可以被檢證和討論；它能從教育實務中產生有關於教育實務的知識。

行動及研究

　　了解行動研究最簡易的方法，就是好好釐清「行動」及「研究」的這兩個字。當我們腦力激盪有關行動和研究的辭彙，我們可以做出如下表的歸納，請你再思考看看，是否能夠再增加更多的辭彙。

有關於行動的辭彙	有關於研究的辭彙
從事進行（doing） 介入干預（intervening） 有意圖的（intentional） 立諾投入（committed） 有動機的（motivated） 充滿熱忱（impassioned）	調查探究（enquiring） 保持觀望（standing back） 小心謹慎（being careful） 紀律嚴謹（disciplined） 講究證據（evidence） 系統化的（systematic）

對於行動研究的定義，因研究者所強調的層面不同，而有許多不同的說法，儘管大部分的定義都與以上所列的辭彙有關，我們仍然採用《行動研究規劃者》(Action Research Planner) 一書作者Stephen Kemmis and Robin McTaggart所下的定義，來幫助即將進行行動研究的人有初步的瞭解。他們說：

> 「行動及研究兩字的連結，就是這個方法最基本的特徵：在實務工作中試驗想法，作爲改善現狀及增進知識的手段...」(Kemmis and McTaggart,1982)

這個定義強調行動的重要性，行動導引著研究的進行，也是推動研究的重要力量。行動研究者傾向於抱持著一種投入、熱忱的心態，來對待他們正在進行的工作。近年來的一些著作已經相當稱頌這種熱忱的重要性 (Dadds, 1995; Whitehead,1995:630-632)，或者顯示出對實務工作的影響層面有深入覺察的需要 (Laidlaw, 1994;Collins & McNiff,1996)。行動研究者傾向於有意圖地進行工作以實現自己的理想，是這樣根深柢固的價值信念刺激著他們採取行動，積極介入於其所處的情境之中。對行動的強調在Elliott的定義中更為清楚明白：

> 「行動研究旨在於改善實務，而不只是產生知識...」(Elliott, 1991)

Elliott的定義很有趣，因為這和前面Kemmis和McTaggart的定義有所不同。Kemmis和McTaggart認為行動研究是用來增進知識的方法之一，但是Elliott卻主張改善實務更勝於建構知識。從這兒可以看到當代兩個主要行動研究學派對於行動研究的不同主張：一個位於澳洲Deakin大學，而Stephen Kemmis就是中心人物；另一個則位於東英格蘭大學，而John Elliott就是主要人物。事實上，我們並非要對這些學者所提出的相關議題進行評斷，而是要提醒你在做此類基本假定的摘錄時，一定要特別小心謹慎！

研究即對知識有所貢獻

　　我們認為會出現這兩種不同的主張，主要是對「知識」（knowledge）的見解不同。整個知識的內容相當詭譎、不易清楚了解。有相當多的書籍曾試圖闡述構成知識的內容，而顯現出不同的觀點。Michael Bassey以一個很簡單的定義來說明：

> 「知識意謂著對事件、事物及過程的了解，它包括描述性、解釋性、詮釋性、價值取向，以及如何達成知識；換句話說，它包括事實的知識及如何達成的知識；它包括文獻中的理論，以及獨特的、尚未被清楚寫下來的個人理論。」（Bassey,1995:3-4）

研究的目的是去發現那些我們尚未了解的部份，若以此觀點來看，則所有的研究皆會對我們所擁有的知識有所助益。而使知識公開化，更比僅是對個人知識有所貢獻來得重要。這意謂著當我們有證據支持我們對知識的了解與聲明、當我們有些值得說出來的知識時，公眾領域的其他人或者也會發現這些知識是有用的。

研究即專業發展

　　行動研究一個重要的原則，是讓研究具有教育性與自我發展性。透過對我們自己的實務工作進行研究，使我們能夠創造一個生活中的教育理論（Whitehead, 1993），而這理論是由一些對我們所創作的教育發展的描述與說明所構成，所謂「教育發展」（educational development）是指我們能夠回答一些像「我如何能改善目前正進行的工作？」之類的問題。在這個觀點上，行動研究是一種局內人的研究（insider research），而且每一個行動研究者皆從事於一種專業發展的形式。我們覺得不可思議的是，有些專家認為這是研究的限制，而非一個額外的好處。

　　我們以引述Pam在員工發展情境中所寫下的有關教師行動研究的文字來結束本節：

「...行動研究是一種定義及實現專業發展的方法。它能夠促進在我們專業發展中相當重要但甚少真正發生效能的合作（collaboration）和參與（participation）...（它）...起始於一個小小的、個人對於自身實務工作的投入，透過他人的參與和合作而獲得推進的動力，當個人能省察其參與的本質，且確立其分享實務工作主權的原則時，行動研究於焉開展出來。它能夠導致一個自我批判社群的形成：使專業獲得最佳的擴展。」（Lomax，1990b:10）

我們再次強調行動研究包含許多除研究者以外的人，而這些人在這研究方法上相當的重要。本書所引用的內容雖特別適用於教師，但是行動研究其實適合所有舉辦教育及訓練的專業單位，例如保健醫療、福利及教育服務單位，也能應用在警察單位、軍事部門，以及其他宗教、文化及社會機構等。

行動研究與其他研究的異同

有許多不同的方法可以做研究，有一些方法在特別的情境中特別適用，然而不可否認所有的研究都有一些共通的過程和步驟。就是這些過程和步驟使得研

究有資格被稱為「研究」，而不只是一種特別設置的活動。好的行動研究共享這所有好的研究的基本特性，但同時也有其自身的獨特特性。

做一些事

　　Lawrence Stenhouse (1975) 曾經說過研究是一種「公開化的、有系統的探究」(systematic enquiry made public)。你可能覺得這樣的定義應用在你的行動研究方案中相當的有用，但是這樣是不夠充分的，因為它並未包括「行動」這個整合於行動研究的重要元素。無論如何，只要你的方案不具有系統化、或者公開化，便稱不上是研究，更遑論行動研究了！在Stenhouse其他的著作中，將這個概念加以擴大，特別舉「教師即研究者」(teachers being researchers) 為例，說明教師如何透過行動研究來改善其教學工作，此即將陳述獨立於情境脈絡之外，而不必給予有關作者的全部故事的例子。

　　你的研究焦點將是你自己設定的行動所要達成的目標。「做一些事」(doing something about it) 是行動研究的一個特徵，卻常不能應用在其他研究，尤其是在大部分社會科學的研究中，有許多清楚的標準去界定在介入行動中不影響研究對象的變項。行動研究與其他研究的另一項不同點是，它有一個明確的價值基礎 (value basis)。身為一個行動研究者，你

企圖進行的行動研究將帶出一種和你的價值立場吻合的情境。這種不定義介入變項的研究並不是大部分社會科學的形式。

行動研究者企圖描述、詮釋、說明事件（探究），並且尋求改善（行動），使之更好（目的）。

一些關鍵概念及相關的界定

Bassey（1995:6）將研究區分為三類：理論研究（theoretical research）、評鑑研究（evaluative research）以及行動研究（action research）。他認為理論研究者嘗試去描述、詮釋、說明事件，而沒有任何的價值判斷；評鑑研究者旨在描述、詮釋、說明事件，以致他們自己或其他人可以進行好壞良窳的評估判斷；而行動研究者企圖去描述、詮釋、說明事件，並且尋求改善，使之更好。

有一些關鍵概念隱藏在Bassey對行動研究的說明中。我們把這些概念嵌入他的說明中，並以下面的方框來說明行動研究。

行動研究者企圖描述、詮釋、說明事件（探究），並且尋求改善（行動）， 使之更好（目的）。

這些概念如果被接受為我們所認定的行動研究的基礎，那麼仍需要一些重要的界定：

◆ 有系統、批判性的探究（enquiry），並使之公開發表
◆ 知其然的、踐諾投入的、有意圖的行動（action）
◆ 有價值的目的（purpose）

「探究」意謂著詢問一些你不知道答案的問題，從事於探究意謂著你要去學習一些新知。真正的研究，是在你尚未發現答案時所進行的。真正的行動研究亦然，你所發現的答案將使你在心理上及實務工作上改變你正在進行的事。在這個觀點上，它所強調的行動是知其然的、踐諾投入的、有意圖的行動，也就是說你是自願的、能夠改變你自己對正尋求的議題的理解，以及你將為自己的實務工作帶來重要的改變。你將在你的生活中致力去展現你研究的意義，包括你的思考和理解將有長足的進步，而你的研究也將會對你所處的社會情境有所影響。在這觀點上研究是有價值的，且受到你對「好」的價值觀所驅使。

所有的研究應該都是有系統和批判性的。不幸的是並不是所有的研究都曾公開發表，而且值得憂心的是一般研究常受限於研究經費的拮据而無法出版，或者可能因為經濟利益或牽扯到國家機密等而限制了出版。行動研究的出版也常常備受爭議，我們認為行動研究應該儘可能的公開，限制其出版將增加行動研究被巧妙操弄的危險性，這絕非教育的目的。

所有研究的進行都為了達成某種「目的」。這個目的通常是指對知識的進展有所貢獻。行動研究的主要目的是改善實務工作，不過在行動研究中，實務工作的改善常常也會連帶促進知識的擴展。雖然改善實務是行動研究的目的，也是主要特徵，但有目的的行動也應可以被證明是有價值的。

　　行動研究不同於其他研究可從以下的兩個問題看出來：

> 我如何改善我實務工作的品質？（Whitchead's question）
> 這裡發生了什麼事？（Bassey's question）

　　Whitehead所提的是行動研究的問題，但Bassey的就不是。「我如何改善？」（How can I improve...?）這個問題指出你對一個「想像的解決方法」（imagined solution）的立諾投入，而此解決方法決定了你自己的行動。在專業的情境脈絡中詢問這樣的問題，強調的是你投入你的專業，以致力於找出問題的解決方法，你的價值觀則在其中扮演著核心的角色。許多學者在「行動研究」之前加入「專業的」（professional）這個形容詞，來強調行動研究係要求透過謹慎評估行動來引起一個改善的情境。行動研究是一種教育上的手段，可以為所有關心者帶來一個良好的社會秩序，但絕不應該以操弄情境的手段來處理（McNiff et al.,1992）。

20　行動研究
Your and Your Action Research Project

總結

行動研究與其他研究的共同特徵如下：

◆ 獲致知識。
◆ 提供證據支持知識。
◆ 以明確的探究過程而使知識顯現出來。
◆ 將新的知識與既存的知識有所連結。

行動研究不同於其他研究是因為：

◆ 視行動為研究過程中的一個重要部分。
◆ 受研究者的專業價值觀所主導，而不只是方法論的考慮。
◆ 必定是內部人員的研究，由實務工作者對其專業行動進行研究。

一般對行動研究的誤解：不能在行動研究中使用統計。事實上，你當然可以！

行動研究者能同時採用質性研究和量化研究的方法。當你使用質性研究的方法時，你雖只能看到少數案例，但是說明卻儘可能地鉅細靡遺；當你使用量化研究方法時，你會看到大量的數據，而只有較簡略的說明，但是你可能發現一些統計上有用的支持。很多行動研究者同時使用量化研究和質性研究的方法。不管你使用任何一個技巧，你必須遵守這方法的指導方針。行動研究絕不能被用來當作拙於使用研究方法的一個藉口。

行動研究過程的主要特徵

本節摘要了一些行動研究的主要特徵，這些特徵將會在適當的章節中再作詳細且充分的說明。

行動研究的特徵包括：

◆ 投入於教育現況的改善。
◆ 詢問特別的研究問題。
◆ 把「我」放在研究的中心。
◆ 是一種知其然的、立諾投入的、有意圖的行動。
◆ 系統化監督以產生有效的資料。
◆ 對行動作真實可靠的描述。
◆ 對行動加以解釋。
◆ 採取新的方法來表徵研究。
◆ 檢證行動研究成果。
◆ 公開發表行動研究成果。

投入於教育現況的改善

行動研究是一種介入於個人實務工作的行動，以尋求改善。此種行動不是偶然的或例行性的，而是受到教育價值所驅使，此教育價值需要被開發及保護。這是一種實務的研究形式，體認到世界並非完美的，

而且專業的價值必須經過協商。一個為大部分的行動
研究者接受的價值觀，就是「尊重他人」（respect
for others），也就是說接納其他人的觀點與價值
觀。在行動研究中這個「他人」的角色，是一個重要
需要謹慎思慮的核心。

詢問特別的研究問題

行動研究者所詢問的特別問題，起始於：
我如何改善...

...我個人的實務工作？
...我對此的理解？
...較寬廣的教育情境？

察覺特別的研究問題與假設，可以導致特別的研
究設計，這點很重要，因為許多研究設計並不適合行
動研究。

行動研究強調你必須仔細思考且有意圖地介入於
你的實務工作之中，以促進改善。行動研究的問題形
態應該是「我如何改善......？」，因為那應該是你
自己的行動，而非其他人的行動。

把「我」放在研究的中心

你是這個研究的中心人物。使用「我」這個人稱代名詞是一個很好的主意,惟有在你特別陳述擁有權時才能維護。某些人在使用「我」來作陳述時都過於鬆散,以致他們所指陳的是他們不大可能擁有的。人稱代名詞在行動研究中非常重要,因此必須相當謹慎小心地使用。

「我」如何融入於研究中?

◆ 我是研究的主體與對象。
◆ 我為我自己的行動負責。
◆ 我擁有我的宣稱和判斷。
◆ 我是我自己研究報導的作者。

「我」如何融入於行動中?

◆ 透過批判性的省思與自我學習,來省視我自己的實務工作,以此為研究的重要焦點。
◆ 鼓勵其他人參與協商,分享對實務工作的定義。
◆ 尊重其他人做事的方式。
◆ 表現謙虛,暴露自己的弱點。
◆ 對於批評採取開放的態度。
◆ 願意接受我可能是錯的。

◆ 擁有自己的錯誤（不推諉給別人）。

◆ 當我的原則岌岌可危時，站穩我自己的立場。

行動的類型

知其然的行動（informed action）

　　行動探究本身就是一種方法，以確定你的行動是知其然的。它意味著有系統地調查你自己的行動和動機；批判性地對待你的發現與詮釋，使你對其他人的觀點保持開放，而使你能減少個人的偏見。因為你的行動是知其然的，所以你需要預先主動地探究你自己的動機與價值，那麼你才能夠清楚的知道為什麼你要如此的行動。你必須對於其他的行動策略與其他結果的解釋採取開放的態度。我們建議你將你的研究公開發表，這是一個很好的方法來告知其他人，並邀請他們發表他們的觀點。另一些重要的方法就是，多多閱讀其他人的著作，特別是其他的研究發現。

踐諾投入的行動（committed action）

　　在成功的行動研究中，我們也建議行動應該是踐諾投入的。也就是說你的行動主要是積極地投入致力於實現你所尋求的改善。當行動研究只是為了執行某些人的命令時，行動研究就不是一種好的方法。但也不是說行動研究是出於個人的自私，或是說它不能執

行機構的計畫。它意謂著行動研究者必須是行動中的主導者，而且能夠在方案中投入他（她）個人的價值觀。

<u>有意圖的行動（intentional action）</u>

　　行動研究也應該是有意圖的。規劃、執行計畫、監督行動以及評估，都是這過程中的一些必要的層面。無論如何，在行動研究中，探究只是一種過程而非結果，而且受到許多意想不到的事件以及結果所干預。一個好的行動研究者應能採納這些非預期事件的優點，並整合於未來的行動循環之中。在回顧行動研究時會產生許多的洞察，因此產生非行動所預期的結果，這點也是事實。儘管Griffiths（1995:43）稱之為「真實生活中的混亂事務」（the messy business of real life），行動研究者仍然有意圖地執行行動：意圖改善實務、使之有系統、邀請評論等等。

系統化監督以產生有效的資料

　　你的行動研究的一項重要研究結果，將是你對專業實務改善的理解。你必須能夠描述你思考上的改變，來展現這些是如何發生的，以及說明從你自己的行動探究中如何產生這樣的結果。對於各種不同層面的行動研究過程來說，系統化蒐集資料都是相當的重要。系統化所指涉的部分包含蒐集資料，以使你能精

確地評估你的行動是否導致實務上新的洞察，有助於你述說清楚你在哪些地方發生了學習。蒐集資料包含一些難以處理的決定，因為很難預測在之後的研究過程中何種資料是重要的。系統化尚意謂著資料的蒐集不是採隨機的方式，而應該與計畫的性質一致。儘可能理解你所蒐集的資料，因為許多重要的洞察都是發生在事件之後而你嘗試去理解你所蒐集的資料時，資料可被當作改變的證據。我們將在第四章、第五章中提供你一些有關可能蒐集資料的種類以及一些處理資料的相關策略。

對行動作真實可靠的描述

監督行動應該可以產生一些資料，而這些資料能夠提供對行動真實可靠的描述。許多行動研究者把他們對資料的描述（description）與解釋（explanation）混淆在一起，以致縮減了其論述的真實性。

事實的陳述（factual accounts）

大部分對行動的描述是屬事實的陳述，基本上是日常會話及會議的謄寫稿，以及問卷及訪談中資料的摘要。有時也包括統計數據的摘要，例如在機構的會議討論中呈現個人貢獻程度的改變。此外，錄影帶、錄音帶也是獲得真實資料的方法。

<u>主觀的陳述（subjective accounts）</u>

　　有些描述可能是以擷取自日誌、個人省思以及觀察等主觀的陳述為基礎。這些陳述是主觀的，因其通常只代表個人的觀點。不過，它也可能比所謂「客觀」的陳述更有系統，且較少偏見。

<u>虛擬的陳述（fictionalized accounts）</u>

　　許多行動研究者嘗試以虛擬的陳述來維護參與者的匿名性。例如，處理機構的發展或評估機構的研究，可能需要隱藏參與者個人的真實身分。其他研究者則會以說故事的方式，使一些具有隱密性的事件能夠被報導出來和公開討論，例如政府首長會議的部份內容。這些虛擬的陳述在寫作時可以將情境脈絡加以改變，或者給與主角另一個身分特徵以隱匿其真實身分。

對行動加以解釋

　　在謹慎描述行動之後，最好能夠對行動加以解釋。解釋行動包含：

◆ 確認可能的意義。

◆ 理論化。

◆ 建構模式。

◆ 與其他的工作連結。

◆ 對描述加以「批判」。

有許多策略能夠被用來幫助解釋行動。儘管行動研究不像一般研究——使用驗證假設或應用預設的模式至其他情境來決定行動，但是，多閱讀文獻將有助於你確認各種對行動的可能解釋。

　　儘管對你的行動採取批判的立場，會使其結果很難去執行，但是提供一個有用的解釋是相當重要的。記得一開始我們所寫下的有關研究的辭彙——包括保持觀望及謹慎小心。這些在行動研究中特別重要，而「主觀」（being subjective）則既是優點也是缺點。它是一種優點，因為它允許你保有事件內在的知識；它也是一種缺點，因為很容易使你對所作的結論有所偏見。因此，你需要有系統的詢問你行動的動機以及你對結果的評估。為了使你的行動研究與結果沒有偏見，你需要邀請一些人來檢證你的詮釋（Lomax，1991：102-113）。當你已經獲得一些好的資料，能夠對行動做真實的描述，接著你可以和其他人分享行動的意義，使之能夠被討論與分析。教室內或工作場所的錄影記錄在此時就特別有用了。

　　另一個相當有用的層面是「採取批判性」（making critical）。對一個事件採取批判的態度，意謂著從許多不同角度的觀點來探究其意義，亦即對被視為理所當然的假定有所質疑。一旦一個情節或事件遭到批判性的質疑，它就能夠連結到較寬廣的議題，例如不同的教育理論、學校或機構的管理哲學等。此外，也

有一些社會或政治的因素，可以在更一般性的層次上
被討論。

表徵行動研究

　　為了能夠分享對行動的真實描述，一個很有用的
方法是發展對行動研究的解釋。表徵所有行動的過程
是非常艱鉅的工作（Lomax and Parker, 1995:301-
314）。有時研究須以科學化的詞彙來表徵，高度重視
確定性並排除其他可能產生連結的方式。行動研究者
則更關注去辨認矛盾不一致的存在。有一些很有趣的
新方法可用來表徵行動研究，具現了如何將實務工作
中的改變概念化（Laidlaw et al., 1996），它們能
夠幫助研究者表達他們對探究過程中進展狀況的感
受，包括承認現實實務與理想意圖之間的矛盾和不一
致。

運用自我省思（using self-reflection）

　　Barrie Jones（1989:47-62）曾使用一個有趣的
策略，就是將自己置身於一個會話（conversation）
之中，來呈現他對自己行動研究歷程的理解。他寫
道：

　　「*Diamond（1988）介紹我使用自傳的方式作為自我*
瞭解的一種工具。我對此一取向的興趣來自於Baud and
Griffin（1987）書中所引發的動力，他們討論到對個人

學習歷程保持一段觀望的距離，以嘲弄並具體化其學習
發展的可能性。這些話刺激了我的思考，導致我創造出
一個『想像』的朋友，成為我自我省思的一個對話者。」

　　Mary McCarthy (1994) 的著作＜與自我對談＞
(a conversation with myself) 呈現出行動中自我
省思的歷程。她說：「你可以在你的人生中運用行動
研究的方式，省思探究你自己的實務工作，而且持續
不斷地詢問自己『我正在做什麼？』、『我為什麼這
麼做？』、以及『我要如何改善？』」。

運用對談和會話 (using dialogue and conversation)
　　我們 (Jean, Pam, and Jack) 亦曾以會話方式來
呈現行動研究的成果 (Lomax & Cowan,1989: 114-
129; McNiff, 1993: 71-98; McNiff, Whitehead &
Laidlaw, 1992:91-96;Whitehead & Lomax, 1987:
175-190; Whitehead, 1993: 142-184)。這些對話是
行動研究者用來陳述生活中實務工作理論的一種新方
法。Jack Whitehead (1993:69) 稱頌此種取向為一
種「生活形態」(living form) 的教育理論，而且那
是一種開放的與容許創造一些更好事物的意圖。
　　Eames (1995) 認為它也可以為教學提供一種專業
知識的基礎。假如行動研究的資料被以不適當的方法
重新組織安排，則行動研究就失去其生命力，尤其在

我們嘗試使它變成一般可接受的期刊或論文時,這是常會發生的案例。

運用敘事和故事(using narrative and story)

　　故事也是一種表徵行動研究的方法。故事具有豐富的生產力,因為故事鼓勵用多元且原創的方式,來為作者或讀者作詮釋。Moyra Evans曾使用故事的方式來表徵行動研究,我們將在第七章引用部份她的工作內容。就像McNiff一樣,她視尋找故事背後的理論為一種探索,而且比故事是否現實(或真實)的議題來得更為重要。

運用行動研究循環與螺旋(using action research cycles and spirals)

　　若你注意本章的開端,可以發現研究者使用許多不同的方法來描述行動研究的過程,而且使用多種圖表或模式來表徵行動研究。一般都同意的一個顯著特徵就是其循環式的運作。行動研究循環(action research cycle)或螺旋(spiral)時常被拿來作為一種表徵行動研究的方式,其重要特徵就在計畫、執行和事實發現之間的循環。但是它有多種變化,例如Morwenna Griffiths(1990)的模式包含三個環狀,每一循環的增加均和行動中的省思產生連結(Schon, 1983)。她解釋道:「透過實際進行和嘗試錯誤,研究以一個包含規劃、行動、觀察、省思、規劃的自我

省思螺旋來逐步推進。在此一螺旋中，回饋也以許多不同方式立即且持續地出現，這在混亂的真實世界中隨處可見……」(Griffiths, 1990: 43)

　　將行動研究循環轉型為行動研究螺旋，研究的動力始能隨時因應新的影響而加以調適。藉著運用行動螺旋的變化類型，使得許多生活中隨處出現的議題可被加以探究，而真實世界的複雜性和創造性也能在行動研究中顯現出來。 (McNiff, 1988: 45)

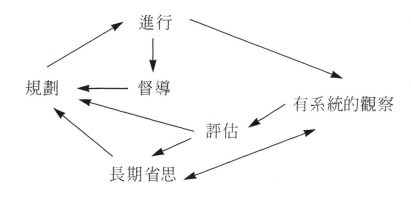

行動研究循環多用於引導研究過程的進行，較少用於表徵研究成果。它們是有助於組織研究的最好方法，但較不能幫助我們發展對實務工作的解釋，並向讀者進行溝通。

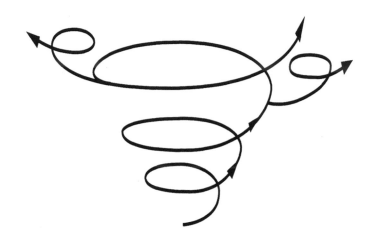

　　循環會轉型為新的循環，所以整個探究行動可視為一種「循環中的循環」（a cycle of cycles）或是「螺旋中的螺旋」（a spiral of spirals），具有潛在延續的可能性。例如McDermott and Corcoran（1994）曾研究大學裡團體的友誼。這個方案經歷一些時間後便改變其焦點，而且每一個改變包含探究範圍的擴展：

「基本上這個方案係包括三個層面：第一，建立學生的道德規範及分享其目的感；第二，在團體中發展學習的技巧；第三，當有人經歷考試壓力這類學習困難時，鼓勵團體發展出同儕支持的力量」（op.cit.：91）。

運用繪畫（using drawings）

　　一些行動研究者已發展出一些獨特的視覺技巧，來幫助他們理解及溝通其行動研究中的改變。有一些例子曾發表在 Lomax and Parker（1995）的論文中。有些有趣的方法像是使用蛇行圖來進行半結構訪談，將在第七章做更進一步的說明。

運用經驗性技術（using experiential techniques）

　　Anne Fleischmann（1996）曾使用不同形式的經驗性方法，來支持人們探究不同形式的知識。奠基於多元智慧的理論，她鼓勵實務工作者從事多元化的經驗，並致力於發揮其特長。而傳統學科中的數字和文字技能，只是「求知」（coming to know）的整體圖像中的一部份罷了。

檢證行動研究成果

　　檢證行動研究的成果，須包含：

◆ 作出宣稱。

◆ 依證據對宣稱進行批判檢驗。

◆ 邀請其他人來作判斷。

　　傳統研究的有效性（或效度），奠基於已知之事必須能被客觀評量的信念。此一傳統的研究邏輯在行動研究中並不充分，因為行動研究強調個人詮釋及事件協商的重要性。在行動研究中，個人經驗可以被一些人有意義的分享，即是建立行動研究之有效性的良好基礎。這發生在若干層次上：

◆ 行動研究最初的有效性，取決於研究者對實務工作的解釋。在實務工作中，個人願意接納自己，或進行自我檢證。

◆ 第二個層次的有效性，發生在有對情境脈絡深入瞭解的協同工作者時，協同工作者能透過我們所提供的證據而了解我們所作的宣稱。

◆ 第三個層次是公開發表，說服其他人或是陌生人接受我們宣稱的真實性。

　　檢證（validation）是行動研究持續不斷及形成性歷程中的一部份，它更是批判的、自我省思歷程中的一個重要部份。當行動研究者與他們的同事、批判性的諍友或督導討論時，檢證即在進行。但它也可以是更正式的事件或總結性歷程中的一部份，例如在研

討會上以書面論文正式向讀者呈現，或是將研究發表在學術期刊上。

<u>作出宣稱</u>

　　行動研究者應做些什麼性質的宣稱（claims）呢？重要的是確定所作的宣稱是有關於研究，而非只有行動。因為大部分行動的發生與研究無關，研究應該加入一些宣稱，使之不同於只是好的專業實務工作成果。行動研究者應該詢問的問題主要是：

　　我如何改善......

　　　　　　...我個人的實務工作？
　　　　　　...我對此的理解？
　　　　　　...較寬廣的教育情境？

　　這些問題的答案就是宣稱的理想架構。例如：

透過這個研究我
　　　　...了解到...以前我所不知道的事情
　　　　...已改變了我的實務工作...其結果具有教育性
　　　　...已帶來改變...改善了現況

◆ 有效性的要求促使行動研究者檢驗他們自己的宣稱，以獲致改善或更了解他們自己的實務。例如促進週會參與情形，或激發那些時常曠課的學生投入功課的動機。

◆ 一些行動研究者證實了他們能夠帶來機構的改變，顯現實際教育現況的改善，例如在學校或地方教育局成功地執行新的特殊教育需求篩選政策。

檢證行動研究的目的

　　舉行檢證行動研究之有效性的會議，是專業發展方案的一部份，其目的在於：

◆ 檢驗一個批判性讀者的論辯，他能挑戰我們思考上的盲點，幫助我們確認缺失，並提供修正的建議。
◆ 考慮資料，以及分析和呈現資料的方法。
◆ 使「對知識的宣稱」更為鞭辟入理，並確定資料足以支持這樣的宣稱。
◆ 發展新的想法。
◆ 產生完成研究的熱忱。

　　參與者是工作會議的顧問，而研究者應該積極地從這兒學習，充分利用顧問群所提出的論辯和建議，使研究能往前繼續進行。

　　有關檢證有效性的一些陷阱，包括：

◆ 無法區分描述性與解釋性的資料。
◆ 無法將行動與行動研究加以區分。

◆ 資料與證據相互混淆。

◆ 陳述原始資料而非摘要資料。

◆ 沒有記錄會議資料。

◆ 沒有將檢證當作研究過程中的一部份來描述。

將其他人包含進檢證的過程中

　　在一些情境中，正式設置的檢證團體（validation group）是用來幫助研究者，依據證據來批判性地檢證其宣稱的有效性（Forrest, 1983; Lomax, 1996）。其試圖達成的結果，是為了使研究者更充分的了解研究，且能夠擬定更進一步的行動計畫。檢證團體的組成是很重要的，應該包含一些熟知工作情境或是能夠同理工作情境的人；應該包含一些來自情境之外且能夠提供外部觀點的人；以及一些熟悉行動研究方法，但在不同情境或實務單位工作的人。我們將在第六章繼續討論此一議題。

公開發表行動研究成果

　　使研究公開發表是滿足檢證需求的最好方式，它表示你沒有什麼隱藏，且願意讓其他人來仔細審視所發生的事，以幫助你更進一步的思考。從傾聽研究之外的人所提出的問題，你可以學習得相當的多。這些問題可以使你強化你所作宣稱的說服力，並尋求更好的證據來說服其他人接受你的宣稱。這些問題也可能

使你修正你的宣稱，因為讓你能夠看到之前尚未注意到的一些缺陷。我們發現「公開發表」（going public）是行動研究中最令人興奮的一環，因為我們通常會發現許多人與我們一起分享了共同關心的議題，且使我們更進步，使我們的新研究更「友好」（friendly），而且鼓舞了新的想法和策略。

使研究公開發表當然也有其困難，假如你要在出版的資料中包含其他的人，則倫理的考量是很重要的。在行動研究中尤其特別重要的是確定保密性（confidentiality）及匿名性（anonymity）；而特別困難的是因為行動研究是有關你自己的，因此所涉及的其他人也能夠辨認出他們自己和彼此的身份。從一開始就保持研究的完全開放，也同時無可避免會發生許多問題，尤其許多行動研究者最後會發現他們竟然不能報導他們的工作，因為在其實務工作中包含了一些並不知道自己已被納入研究中的同事。

使研究公開發表是行動研究指導原則的一部份，因為它能夠引起一些確證或批判。你必須思考你希望人們如何判斷你的研究。你希望他們依據研究對其實務工作的關連性和有用程度來判斷？或者你希望能說服他們接受你已找到一項能使你的實務工作獲得改善的方式？你希望他們來檢驗你的行事符合專業及倫理上的要求嗎？無論你所選擇的關注焦點為何，你需要提供好的佐證來支持你所提出的內容，且這些將取決於你所蒐集的資料的品質。

使研究公開發表意謂著將你的研究置放在其社會脈絡之中——亦即，顯示研究是真實世界的一部份——然後，和真實世界中的其他人分享你的研究發現。

使研究公開發表，並不必然意謂著要在期刊上或是研討會上發表，儘管這些都是傳統學術研究的方式。它所要求的是與其他人（特別是工作情境中的同事）一起分享你的研究發現，而且驗證你的看法是否是誠實且正確。公開發表也不是要等到方案結束時才進行，我們認為在行動研究中每一個階段皆可以進行公開發表，藉此和其他人一起檢證你自己有關研究成果及發現的看法。這些議題我們將在第七章中做更詳細的討論。

現在你已經讀完本章，你應該能夠：

◆ 給予行動研究一個操作性的定義
◆ 說明你是或不是一個行動研究者
◆ 區分行動研究與其他類型的研究
◆ 確認行動研究過程的主要特徵
◆ 有信心繼續閱讀下一章，幫助你開始確認
　 你自己的研究關注焦點。

Chapter 2
展開行動研究方案

　　當你可以開始進行研究前，先要思考你如何擬定整個計畫。

　　這是一個重要偵查的階段，因為行動研究旨在探究人們自己的實務工作，須從人們所居住的現實世界情境中開始著手。在本章中我們要請你先去關心、去評估目前所處的現實環境：你希望達成什麼？你認為要如何達成？

　　本章的章節包含：

一、與其他人一起工作

二、發展人際技巧

三、研究倫理

四、行動計畫

與其他人一起工作

　　在某些機構中，你將會發現實務工作—研究者正接受機構委派執行其研究工作。在其他情況下，你可能會選擇在你所服務的機構中去探討你有興趣的議題。不管何種方式，因為行動研究促使我們有能力去改善某些事物，所以行動研究者常會有企圖想要立即改變一切的傾向。

　　請務必注意！！

◆ 你必須接受在一定時間內你所推動的改善如蝸牛般緩慢而沒有效率，改變並非一蹴可及或者一夕之間發生，也不一定會有明顯的不同。

◆ 你可能想要對其他人有所影響及改變，但是並不能保證一定會如你所願。無論如何，唯有改變自己才可能達成最後的目標。

◆ 你所處的機構可能會因為某種因素阻撓你所推動的改善；你必須實際一點，且必須要確定當你要進行研究之前，你已經獲得進行研究的同意。

　　你的研究很可能涉及其他人。行動研究雖以「自我」為焦點—自己研究自己—但也需要和其他人一起

工作共同完成，甚至其目的是為了要服務他人。行動研究的目標是藉由個人的改善而致力於社會的轉型，所以相當需要協同合作。你需要以不同的方式去結交各類朋友，而且建立多種不同程度和類別的關係。

可能和你一起工作的人群主要包括：

參與者（participants）

你將和你的部屬、學生、同事一起工作。

這些人將是你的研究方案的一部份。你需要仰賴你的參與者，所以不要濫用了他們的誠意，如果沒有他們，研究就不會發生。你將仰賴參與者提供你所需要的資料和證據，檢證你所改變的情境如何影響他們。你須嚴謹地留意和他們接觸時的所有事項及保密。讓他們了解你的研究如何進行，邀請他們提供回饋，促使他們了解到這項研究是重要的；記得要時常對他們表示感謝；建立比提供誘因更進一步的穩定關係；同時必須要讓你的參與者知道他們正在被評估。

你的批判性諍友（critical friends）

或者說「批判性的同事」或「具有批判力的同伴」。他可能是與你一起工作中的一個或更多的人。這些批判性的諍友應該願意與你一起討論你的工作。你與你的批判性朋友係主動地選擇彼此，所以你們需要針對彼此之間關係的原則進行協商。即使這個人可

能是你最好的朋友，你也不能將他的協助視為理所當
然。如同你期待朋友的支持，你也必須提供相同的支
持來回饋對方。這意謂著你必須隨時讓他們能夠找得
到你，即使在非一般性的時間；能夠提供和接受建議
與回饋，即使這些建議有時是苦口的良藥；並且常常
能提供讚美及支持。

你的督導（tutor）

　　或是建議者、諮詢者、督導，端視你是一個課程
的或一個專業發展計畫的成員而定。

　　你可能有超過一個以上的指導導師（或建議者、
諮詢者、指導教授），他們雖然總是站在你這邊，但
其角色也是去挑戰你而促使你有進一步的想法；雖然
你對自己所擅長的領域可能知道的比他們還要多，但
他們知道更多研究的步驟和過程，所以多聽聽他們的
意見，期待能收到批判性的回饋和讚美，就像是「良
藥苦口、忠言逆耳」。然而當自己真的不能夠認同其
觀點時，也要適時地堅持自己的立場而不讓步。以我
們對行動研究的觀點，你被期待對知識做出具有原創
性的宣稱，所以你要能勇往直前、劍及履及。但是你
也要有心理準備，當你聽到更好的論點時，也要能改
變你的想法，不要自我防禦或故步自封，分數的多寡
並不是你的目標。行動研究的目標是要改善實務及促
進知識——你自己的實務及知識，所以要以熱忱、有
效率、積極的態度來進行行動研究。即使事情進行並

不順利，也不要立即責怪你的督導，你應該敏銳地對情境做出仔細的評估，如果最後證實是你錯了，你要能敞開心胸開放地承認錯誤，且把它看作是一種有價值的學習經驗，然後重新開始，重頭來過。

你的同儕行動研究者（fellow action researchers）

假如你是在一個訓練課程中，或是在專業發展方案中，你通常會擁有同儕行動研究者。這些人和你一起分享研究過程、蒐集訊息、提供回饋、提供支持及挑戰，以建立協同合作的關係為目標，而非競爭的關係。你們都希望將事情作得盡善盡美，所以最好能建立一個彼此支持、相互信任的氣氛。和其他研究者協同合作在任何一個研究情境中都相當有用，特別是行動研究。

你的檢證團體（validating group）

由同事、參與者、主管和其他你認為能對你的研究提出同理且公正的評論、同時又能批判你的研究的人所組成。你應該將他們視為一群隨時在評鑑你的人，他們希望你能成功，但是他們也不接受草率粗淺的研究。所以，就像你不期待他們對你懷有敵意一樣，你也不要期待他們立即認同你的研究。他們期待你能證明你所作的宣稱，所以在面對任何批評或挑戰時，不要消極退縮。他們的角色就是要去確認你的研究是否有效、誠實可靠，且有清楚的證據支持。

發展人際技巧

　　上述所提及的所有這些人都是你最重要的資源，你需要與他們建立良好的關係。良好的人際技巧是保持良好關係的基礎。現在就讓我們來檢核你具備了哪些卓越的人際技巧（interpersonal skills）？你的優點是什麼呢？有哪些方面是你需要改善的呢？也就是說，你必須發展出下列各項人際技巧。

傾聽技巧

　　傾聽技巧（listening skills）是以多傾聽少說話為目標。假如你不確定你傾聽的技巧做得有多好，你可以將你和夥伴對話的情況錄製下來，然後計算你和你的夥伴說話的次數。（我們建議你從觀看你自己的錄影帶開始，之後你可以與你的批判性諍友一起觀看）。以多說「你」少說「我」為目標。注意你的身體語言，多多嘗試專注地看著對方說話。在生活的許多時刻，作為一個好的傾聽者比成為一個演說者來得更為重要。

管理技巧

你要先管理好自己，其次才是管理其他人。管理技巧 (management skills) 以扮演好你自己的角色為目標，包括安排會議、執行任務、與其他人聯繫等。確定你參與所有的會議，在期限內作好工作，守時，且自始至終維持一個專業且有效率的態度。

合作技巧

行動研究講究合作技巧 (collaborative skills)，是要求你以一個團隊中的一份子來工作。你需要有智慧的獨立，但絕非孤立。不要試圖要掌控他人的心智，需尊重別人也像你一樣有權擁有獨立自主的空間。你可能想要對他們有所影響，但是你必須尊重他們的意見；你有權力挑戰，但是不要去破壞；他們才能對你提出相同的回饋。如果毫不尊重團體的思考，就是專制的人。這是一個多元的社會，因此你必須能夠接納各種可能性以及和平地處理衝突。這樣你才有機會實現你的想法。

個人內在技巧

　　你最珍貴的資源其實是你自己。在<因應的藝術>
「Lesson from the Art of Juggling」一書中
Michael Gelb 與 Tony Buzan (1995) 談到:「放鬆
的專注」(relaxed concentration) 是「任何領域中
提高表現成就的必要方法」。個人內在技巧
(intrapersonal skills) 是以發展身體和頭腦的協
調為目標,使「我不能」(I can't) 變成「我能」
(I can)。做研究提供你一個正當的進入管道,以進
入那個被成人所遺忘的世界——學習者的世界。生活
是一連串學習的過程,讓我們馳騁的想像力有實踐的
可能性。無奈許多成人常常不必要地框限了他們的思
考,而且以為他們必須要找到正確無誤的標準答案。
「不知為不知,是知也」,行動研究者則是因為不知
道,而試圖要去發現、去求知。行動研究所謂的發
現——主要關於你自己——是為了要改善實務工作——
主要也是你自己的實務工作。

研究的包容性方法

　　「包容性」(inclusiveness) 意指包括每一個人,
而不排除其他人。你必須體認到每一個個體都以不同

的方法去思考和行動，擁有不同的價值觀，來自不同的背景。現在更需要以寬廣的心接納人們以不同的方法思考（Belenky, et al., 1986）。最近在多元智慧的研究中（Gardner, 1983），強調人是一個個體，而社會是由各種個體所組成。你需要應用這樣的理解來對待你自己及其他人，你不需要和你的督導或同事有相同的思考模式，這些與你一起工作的參與者，他們看待事情的方式可能與你不同。你必須確定在你研究中的每一個人都受到公平的對待，例如在研究中你所採用的男生與女生人數相等嗎？你將大人與小孩的言論給予同等的尊重嗎？你確定來自其他人的言論和你自己的一樣重要嗎？你需要持續不斷的注意這些議題。

語言的風格

你需要在報告和寫作方面採取一個包容性的語言風格，清楚地設定你的讀者群。避免使用會對任何團體─學術、女性、原住民等─有嚴重偏見的語言。雖然你期待你的讀者是「受過教育的」，熟悉教育探究的傳統，但是你應該盡可能避免使用專業術語及詰屈聲牙的語詞，以便你的讀者容易閱讀且明白你的意涵。因此，也不要有太大的概念性的跳躍，或使用艱澀的辭彙。把你的讀者看作是你的工作夥伴，在你的工作中與他們一起同行，常常檢核他們就在你期待他

們所在的地方。這是你的責任，就像是一個老師一樣，向他們解釋清楚，而不是讓他們自己嘗試去詮釋你頭腦中所想的是什麼。

 # 研究倫理

　　你必須謹慎考量行動研究中的倫理議題。Colin Robson（1993）依據「英國心理學會」（British Psychological Society）針對人類參與者所提出的研究倫理守則以及「英國社會協會」（British Sociological Association）對反對性別歧視語言的守則，並摘述Kemmis 與 Mctaggart （1982）有關行動研究的倫理守則，再提出一些研究中須處理的參與者倫理守則的指導方針。此外，你還可以從「英國教育研究協會」（British Educational Research Association）中獲得有關教育研究倫理守則的指導方針。

　　以下乃是一個基本的檢核清單：

協商進入管道

在你進行研究之前，須先和當權者、參與者、家長監護人或督導者協商入場權（negotiate access）。

與當權者協商

在進行一個和機構有關的研究之前，應和校長和主管聯繫，劃清什麼是你可以做、什麼是你不可以做的界限，並取得寫作的同意。對於你所計畫去做的事情保持絕對誠實。假如在方案進行中，你的計畫有所改變，要讓你的校長及主管了解。

與參與者協商

取得那些你希望把他們納入你的研究中與你一起工作的人的同意，使他們投入研究中以及知道研究的進行。邀請他們做他們自己的行動研究。一開始便向他們解釋清楚，他們是研究的「參與者」（participants）也是「協同研究者」（co-researchers）；他們不是你研究的「對象」（subjects），你正在研究你自己與他們之間的關連。他們是你研究的中心。

與父母、監護人及督導者協商

假如你正和一群小孩或正在接受督導的人一起工作，你必須確定得到小孩父母或督導者的同意來參與你的研究。寄一封信給他們，向他們解釋你正在做什麼研究；或者打電話邀請他們來參加說明會。一開始就要讓這些人與你站在同一陣線上，並且建立與他們之間的信任關係。

承諾保密

資訊的保密

給予參與者一個穩固的擔保，讓他們知道你只有在公開場合和現行法律規範之內報導和他們相關的資訊，讓他們知道你不會洩漏任何個人隱私或你承諾保密的事。假如你想運用這類較敏感的資料，必須尋求原創者的同意才能使用。

身份的保密

不要洩漏參與者的真實姓名或地點，除非你得到特別的同意權；也不要替參與者杜撰一些名字，因為那些名字可能屬於其他地方的人或機構。最好是用數字或其他象徵符號來代表參與者。假如這個機構完全

同意使用真實姓名（幾乎大部分的機構都很高興這麼做），這樣很好，但是你仍然需要先取得機構的同意書。

資料的保密

假如你想使用第一手的資料，例如謄寫稿、或錄影帶中資料的摘述，你要常常確認是否得到原創者的同意。確認你對資料的看法是正確的；常常要求原創者去確認資料或謄寫稿的正確性，並在報告中說明其貢獻。

保證參與者有權退出研究

你必須一再地確認以確定參與者沒有任何壓力，而且完全是出於他們自己志願參與你的研究。你必須讓你的參與者知道，他們的權力已受到保護，而且如果他們想退出研究，他們可以這麼做。

讓其他人知其然

你必須從一開始就讓所有有興趣的參與者知道你正在做什麼。從研究之初就須提出一個計畫，讓所有

研究參與者都能夠輕易取得；定期報告研究的進展狀況，且讓他們知道這些報告是存在的且知道如何取得。但仍然要確保只有參與研究的人才能取得這些報告。

維護你的智慧財產權

智慧財產權（intellectual property rights）應受到重視和保護。這個研究很重要的一點是，那是為了你自己的專業發展所進行的研究，而你在確保所有上述的議題之後，你應該擁有報導的權利。

保持良好的信用

從研究始便要立你個人的信用，讓人覺得你是一個值得信任的人，而且你將遵守有關協商、保密及報導的承諾。無論如何，都不要將任何事物視為理所當然。假如有任何懷疑、有任何可能的誤解時，要常常和參與者檢核確認。將你要做的事情寫下你，並且得到他們的認可。你有責任保護其他人，但是你也需要保護你自己。

行動計畫

　　一旦你清楚明白你要如何和其他人一起工作，培養了你個人所需的工作技巧，並且關照研究中所涉及的人的權益時，你即可以展開始的行動計畫。

　　你可以嘗試回答我們認為有用的一些關鍵性問題，當作你行動計畫的開端。以下我們列出一些問題，並且建議一些想法幫助你想像問題的具體答案，嘗試去改寫一些我們的答案，看看是否能夠應用在你自己的情境中。假如不適用於你的情境，那就填入你自己的答案或改變這些問題，以這個方法你可以開始引發你個人的行動研究取向。我們所列出的清單，對我們自己有幫助，也可以提供你作為研究的開端，但是你應該以發現適合你自己工作情境和個人價值觀的問題與答案為目標。然而，我們必須提出一個警告，就像所有的研究一樣，行動研究是去發現我們先前所不知道的，而不是一種證實偏見的辯解，所以你需要擁有良好的傾聽技巧以了解其他人的觀點，而你必須有所準備，你可能會因為發現了其他解釋而對你的假設有所挑戰。以這個方法，你可以使你自己的立場更為明確，為你的實務提出一個清楚的事例，將促使你的價值觀更開放。

我們的關鍵性問題為：

◆ 你研究的焦點為何？
◆ 為什麼選擇這個議題作為研究焦點？
◆ 有什麼證據可呈現發生了什麼？
◆ 對於你的發現，你能做些什麼？
◆ 有什麼證據可呈現你的行動有所影響？
◆ 你將如何評估影響？
◆ 如何確定你作的判斷是合理公平及正確的呢？
◆ 你還會再做些什麼？

你的研究焦點為何？

詢問你自己「關於我的工作，此時有什麼事特別盤繞在我的腦海裡？」你的回答可能落在一個極大的範圍，從對你的工作的經費補助狀況，到一個關於某一工作層面的特定焦點等，不一而足。

產生研究焦點的想法，可以相當有用的方式來表達，例如「我所關心的是什麼？」有時你所希望探究的是一個你所關注的問題，但不必然如此。你可能要去探究現在發生什麼事，去看看它是否令人滿意或者

是否需要改變——一個對當前實務狀況的評估。最主要的是要確定一個你所要探究的範圍，而且確定你能作一些和它有關的事。

從自己所在的地方開始

所有研究都肇始於一個潛在的假設——「我想假如我這麼做，那麼可能發生某某事。」在行動研究中，很重要的是從你所在的地方開始，而且保持聚焦。你必須實際一些，並循問自己「我能實際執行這個議題嗎？我可能期望帶來改變嗎？或者我已偏離了焦點？」假如現況真的有很多需要改善的地方，那麼你更要實際一點，你不能改變全世界，但你可以改變你自己所能掌控的一小部份。例如，你可能想要探究及挑戰你社區裡成人教育經費削減的情形，但是這可能和整體經濟情況有關，因此在大範圍的改變上，你不能做任何事情；但是無論如何，你可以動員你的機構或社區中的成人學習者，一起向當地的立委或政策制訂者遊說施壓，陳述對於成人學習之重要性的觀點。這只是一小步，但是可以讓名意代表對你們的觀點有更多的了解。

在這個案例中，你可以把你的關注化為「我關心成人學習經費的刪減程度」，然後你可以問：「我要如何做才能使經費獲得提升？」或者，假如你和其他人協同合作，你可以問：「我們要如何做，才能使經費獲得提升？」

以下有更多的例子：

「我如何說服這機構中的主管，採納新的審核程序？」

「我如何幫助蘇珊改善她的自信心？」

「我如何把我的工作時間管理得更好？」

「我們如何確定，我們在導師制及照護方案中所做的是對學生有利？」

中心議題：

◆ 我是我的研究的中心人物。

◆ 我所詢問的是關於一個實際議題的一個實際問題，而我希望獲得一個可能的改善。

◆ 我是從我所在的地方開始。

◆ 我試圖帶來一些改善（記得改善就是改善，不管改善是多麼微不足道）。

爲什麼選擇這個議題作爲研究焦點？

　　身為一個負責任的研究者，你必須清楚為什麼投入這樣的議題中。行動研究者擁有為他們自己及其他人改善生活品質的社會意圖，而且深受價值觀所導向。因此你需要覺察你自己的價值立場。這樣做看似容易，實際上卻相當困難，因為人居住在社會的情境裡，我們必須承認我們已經握有一定的價值觀，而此價值觀將影響我們的行為以及我們判斷其他人行為的方法。我們的思考受到我們的信念制約。身為一個行動研究者，我們要以將我們的價值觀落實於工作中為目標。

　　很不幸地，有時我們常常經驗到一些矛盾，例如，一個老師可能否定他的學生有權利去發展他們自己的想法，或者一位經理可能同意合作領導的關係，可是又不接受其他人參與做決定。也有一些情況是由於我們從不做省察，而在實務工作中否定了我們的價值觀。行動研究的一個目標就是去發展對實務工作的省察，所以我們應該要很清楚自己的動機，而更充分地在個人、社會、以及專業生活中實踐自己的價值觀。

　　有時候，機構或組織會使我們無法以自己所期待的方式來行事，例如一個醫生想要為那些沒有特權的人付出多一點的關心，但是因為她的工作太多，就是

沒有時間去這樣做，甚至也沒有時間去關照所有的病人。一個社區中心的領導員可能想要照顧更多的人，可是政策的決定限制了特定的人數，使他無法達成願望。

　　我們不可能以自己的力量解決這類較寬廣的議題，但是我們可以一步一步朝向改善。攀登山峰需要一步一腳印慢慢爬才能攻上山頭，但總是有攻上山頭的時刻，即使是採取不同的途徑、使用不同的方法，或者是以團隊合作方式來接駁。行動研究是一種工作的方法，用來幫助我們去確認我們的信念，而且有系統地、協同合作地、一步一腳印地實現我們的理想。

　　把「一步一腳印」的觀念應用在你的研究計畫中。每一個研究循環中的一部分就是一小步，逐步邁向改善工作品質的目標。

有什麼證據可呈現發生了什麼？
（「證據1」）

　　別人如何透過你的眼睛看到你所處的特殊情境呢？——也許是改善了令人不滿意的元素，或者是一般性的評估？你如何呈現事物在你介入之前的原貌？

蒐集資料及產生證據

　　在計畫開始前會遇到的難題是要蒐集那些資料。在你能夠聚焦於主要議題之前，你必須蒐集大量的資料。比較困難的抉擇是選擇一小部份的資料，以作為特別的目的之用。一個有用的策略是在一定間隔時間就把你的資料加以分類，把一些此時看起來並不相關的資料，暫時放在一個文件檔案匣中。

　　例如，假如你和一大群人一起工作，也許你只能夠確認他們之中的一小部份人——大約四分之一——是能夠代表你所嘗試去呈現的。在珍妮的研究中，她要去評估她所引介到學校的個人及社會教育方案的影響，她的參與者是不同團體的學生。她在每一個大約二十人的團體中選擇三個學生，然後要求他們謹慎地記錄其進步情況；而她則記錄她所觀察到他們的進步情況。由於行動研究中並不需要一一捕捉參與者所說的每一個字，只需選擇具有代表性的區段來做記錄。Jean選擇星期五下午當作檢測的指標，而且利用錄音、錄影記錄來作為資料蒐集的方式，以評量她的方案是否具有影響力。

　　當你開始蒐集資料時，要時常在腦海裡記住研究的最初關注，時常詢問「我如何能......」，你所蒐集的資料需要能夠儘可能地代表那個議題。

哪種資料？

你的研究的主要焦點是你自己，你不是以呈現一個在你和其他人之間的「假如我做 **X**，那麼 **Y** 就會發生」的因果關係為目標，而是以呈現出你的實務工作中的改善為目標。這樣的證據可能以對其他人有影響為標竿。你探究的目的是根據你如何看待你的作為如何影響你的情境而定，因此你須要謹慎地記錄（1）你自己及你的行為和想法如何改變，（2）有代表性或重要的他人，以及你如何感覺他們的行為和想法有所改變。你必須使你的知覺與其他人一致，所以假如可能的話讓他們進行他們自己的行動研究，並且提出他們進步的證據。開始建立一個資料庫，整理你的發現使它們為你的所有參與者所接受。記得這需要具有非常的敏覺力、信任、和良好的研究倫理。

何種標準？

你需要為你及其他人提出用以判斷你的方案或作為是否有效的標準，例如關係的改善或者良好的溝通。列示出你認為能在你的行動中顯現達成這些標準的重要事件，例如當能證實良好關係或能夠有效溝通的事例。這些也可被認為是行動表現的指標。

例如，想像你正以改善你的溝通技巧為目標，首先檢查你已具備的溝通技巧有多好，你可以製作一個

你和其他人對話的錄影帶，然後確認（1）那些你認為與他人有效溝通的標準，及（2）你是否能實現這些標準。你的標準包含許多面向，例如傾聽的能力、支持性的介入，以及彼此互惠。注意察看錄影帶中，你多常做到傾聽？你以支持性的方式介入談話嗎？你對另一個人說個不停嗎？之後在你的研究中，當你宣稱你已改善了實務工作，而且提供證據支持你的宣稱，你須提出一個包含這些可辨認標準的報告，以你錄影帶及能顯示達成這些標準的事例來加以說明。

對於你的發現，你能做些什麼？

首先，你應詢問你自己對資料的詮釋。想像各種可能的詮釋方法，而且與其他人分享你對現在可能做些什麼的想法。無論是何種可能的解決方法，應該就是你的解決方法，要讓這些方法可以管理。記得你所致力從事的是你自己的工作。

當決定了一種可能策略，嘗試去執行它。可能有用，也可能沒有用。假如有用，持續不懈；假如沒有幫助，則嘗試其他的方式。

當方法不能奏效或沒有預期中的結果時，許多研究者會覺得他們的研究失敗了。事實則不然，實務工作者有權說明哪些是達成的、哪些已獲得明顯的改善，然後呈現這些改善的證據。這不是失不失敗的問

題，而是一個嶄新的開始，可能會產生具有創造性的實務工作。

　　重要的是要去區別「行動」與「行動研究」。「行動」不可能常常獲致一個明確和成功的結果，而「行動研究」則可以顯示一個特別的教育意義，讓其他人可以從這個研究中獲得學習。你可呈現你已經進行的嚴謹的研究，而且你可以宣稱你對所關注的特定實務工作有更深的理解，而你的知識對其他人來說是有用的。我們總是在嘗試一些新的方法，有一些方法可能比其他的方法更為有用。我們很難第一次就採取了正確的方法，只要我們能夠從錯誤中學習，則將來便有機會以更好的方法來進行研究。因為當前有關人們如何嘗試改善實務的知識實在是太少了，所以我們必須一再地發明新方法。

　　對於非預期中的事件要有心裡準備，你可能會發現你忽視了一些比你最初決定探究的議題還更深一層次的議題。例如，以改善你自己的溝通技巧為例，你可能在錄影帶中看到你忐忑不安或者未注視他人的眼睛，此時你也許需要更去注意你自己的自我表達或你自信心的問題，而不僅是溝通問題。一個常被關心的議題像「我如何改善機構中對女性的認知？」顯示少數團體在機構中是被忽視的；而以改善醫院中照顧者與病患關係的品質為目標的研究，結果卻揭露出更需要去注意的是照顧者彼此之間的關係。當我們開始探究我們的工作或工作場所時，發生這類「觸發」是很

普遍的。無論如何，要常常謹慎小心，不要讓探究變得無法控制，保持原則，而且一次只關心一個領域。

什麼證據可呈現你的行動有所影響？
(「證據2」)

資料 (data) 不同於證據 (evidence)，你可以使用資料當作一種對行動做出特別說明或詮釋的證據。

當每一個行動研究完成時，你將擁有對行動循環的監督和評估的記錄。這些記錄是你能用以顯示已發生事件的「改善情況」資料。這不完全像「研究之前」和「研究之後」的資料一般，你應該能夠呈現事件的進步情況，包括你對情境了解的改變，與對你在研究之初所持立場的再評估。例如 Eileen Brennan (1994:54-68) 想要探究她如何能促使那些缺乏學習動機的一年級學生去學習德文。她遵循行動省察循環 (action-reflection cycle) 的方式，一次關注一個議題：第一，強調書寫；第二，以能引起動機的方式呈現教材；第三，把焦點放在改善書寫的正確性；第四，關注詞彙的建立。對於所有的活動她都保持研究日誌的記錄，蒐集可用來當做明確證據的真實資料。

她寫道：

　　在學期一開始，我發現我的班級如此的沒有紀律與
缺乏動機，以致我必須指定很多書寫工作，讓他們安靜
一點、忙碌一些。但是這與我當一個語文老師的價值觀
相違背。於是我決定要儘可能補救這個情境，我與他們
討論他們學習德文的經驗，其次我要求他們寫給我一封
信告訴我為什麼他們選擇學習德文與他們對學習德文的
期待。

　　以他們的需求為基礎......我設計一些策略，使學
習的過程更有吸引力且更充實，這些包括使用錄音帶、
兩兩一組的角色扮演、閱讀廣告材料（我們與姊妹學校
互相交換教材）、玩語言遊戲、唱德文歌曲，以及寫信給
遠在奧地利或德國的筆友。

　　從錄影帶、錄音帶、口頭或紙筆測驗、寫字的功課
與問卷中，我相信我能呈現出這個班級的紀律已經獲得
明顯的改善，我的學生與我已經發展出一個有益於語言
學習的輕鬆、愉快的班級環境，且達到中等學校課程所
要求的水準 (p.54)

　　監督研究與蒐集資料是技術性的活動，應該能夠
改善你所進行的研究。好的研究者發展監督的技巧促
使他們能夠對所蒐集的資料進行三角檢證
(triangulation)，也就是說蒐集一個以上的資料來
當作證據，以支持一個特別的詮釋或說明。

在行動研究中證據的問題具有決定性的影響，證據最後將決定你的詮釋是否有效，亦即你已達成你所做的宣稱。完全主觀且缺乏證據的解釋或說明，無法給予其他人足夠的信心嘗試去做，所以它們不是非常的有用。因為行動研究是一種個案研究，它的有用與否，端視其他人能否將之應用在他們的工作中而定。有證據證明行動研究已經改善了人們的生活品質是很重要的，個案研究只有呈現具體的行動影響才能存在於大眾主流之中 (Lomax, 1989, 1990, 1991; Lomax and Jones, 1993; Mcniff and lollins, 1944; Pinnegar and Russell, 1995; Russell and korthagan, 1995)。

你將如何評估影響？

記得探究的主要焦點是你，你是以實現自己的改變為主，所以你可以嘗試對你的情境有一個積極、正向的影響。為了評估這個改變對其他人的影響，你需要檢視他們對你的反應。如同之前我們所說的，這不是一種因果關係。你不能說「這裡已發生了一些改變是因為我做了某某事」，你只能說「我能呈現已發生的改變，特別是我自己，與包含在內的各種不同的關係」。有一則我們曾分享的軼事是，我們之中的一個人問說：「你如何確定，所有你所描述的這些改變，

如果沒有你的話，將不會以任何一種方式發生？」對於這個問題的答案是：「我不能確定，但是我能說明這些改變與我一同發生」。我們認為在行動研究中這是一種正確的態度，你不用擔負什麼可能發生，而什麼不可能發生的責任，但是你必須接受你所應負擔的責任是：你可能會對將發生的事有所影響。

要評估研究（是否是有價值與有效？），你必須考慮是否你已經實現你所宣稱的改善。這包括

◆ 蒐集資料
◆ 確定改善的標準
◆ 選擇行動的部分資料，作為改善的證據
◆ 使證據符合你最初的研究關注點
◆ 向其他人呈現你的工作，以使其判斷你是否確實改善了情境

一位個別的實務工作者無法對自己所促成之教育發展的影響效能作出最後的判斷。這些判斷還須來自那些受此實務工作者影響所及的人。研究結果是發生在研究參與者的生活中，如果他們的生活變得更好，則研究可以被評估為有效的，只有符合他們所定義的「好」才是「好」。研究參與者之間對於價值觀的意義進行協商，亦是教育行動研究的一個基本部份。

這就是為什麼從其他人那兒尋求第一手資料以及小心地使用它當作證據是非常的重要。對於每一份證

據，確定你已寫下時間、地點、出現的人物等等。你
的資料需要被鑒定，所以需要在文件與手稿上標上識
別標籤，顯示資料使用的主權，並且讓批判性的朋友
鑑定你實地札記的真確性。這些檢證過程
（verification procedures）可以顯示出你身為一個
研究者的責任。

如何確定你做的判斷是合理公平以及正確的呢？

假如你說「我認為什麼與什麼已經發生」，你可能
會期待有人說「證明吧！」重要的是你能夠提出合理
的證據，去支持你以為發生的事真正發生了，而你沒
有杜撰──並不全然是「證明它」。

你將以說明你已經改善了你的實務工作為目標，
也就是說你嘗試一些新的事物，而你能呈現這些歷程
與結果。這是非常大膽的宣稱。假如你說，「我今天
做得比昨天好」，你說的是一些有明顯不同的事，就
像是你宣稱你了解這個過程，且情境有顯著的「改
善」。但是光這樣並不足以維護此一宣稱，其他人需
要同意你所宣稱已做過的事確實已做了。宣稱X商標
比Y商標雪白是沒有意義的，除非使用X商標與Y商標
的人也同意這樣的說法。這就是為什麼消費者會出現
在廣告裡，去為商品的宣稱背書。他們也需要去決定
什麼物質會構成白色（或者更白），而且要知道如何

將其檢測出來。你對改善所做的宣稱亦然,你和其他人必須都同意構成「好」的實務是什麼(標準為何?),所以他們才會同意你的實務是否有所改善(不是只有「好」,而是「更好」),並且同意證據是否支持你的宣稱。

　　人們通常要重新省視其價值觀才能決定什麼是構成「好」(或者「更好」)的要素。例如在詢問有關病患的照顧中,什麼是構成好的病患照顧品質?它包括病患病歷的掌控,或者對病患的耐性?我們把對病患的照顧視為病患的獨立或依賴呢?從我們所同意的好的實務來看,我們如何判斷這項工作是否做得比以前好?而且我們將如何檢測呢?

　　最合理的方法是去檢測看看病患是否蒙受福利,因此,你必須接受以下所的陳述:只要我有信心知道你能夠分享我對「好」的實踐工作的觀點,我可以向你展現我的工作及特別的標準與伴隨的證據。你仔細地檢測我工作的所有層面,你說你很滿意於我已經實現的改善;或者你根據你所發現的缺點,要求我重新修正我所呈現的證據。假如我信任你的判斷,我將依照你的要求來進行而修正我的案例。接著,我們檢核我們的共同判斷的方法,就是把我的工作(可能是你的判斷)放在較寬廣的世界中,看看是否會為更多的人所採納。

　　在行動研究中,檢證宣稱的有效性是很重要的。想要合理的確定我們擁有一些有價值的事物,我們必

須與「重要」他人一起檢證，看看他們是否也接受它的內在價值。

你還會再做些什麼？

你可能以新的方法來執行你的工作，因為它似乎比你以前的工作方法有效，而也有助於將你的價值觀落實在實務工作中；假如你目前所採用的方法似乎不是最好的，那麼嘗試其他的方法吧！

無論如何，儘管你已有所進步了，事情可能仍不是你所想要的那樣。你可能已經引發了其他的議題，且你自己的思考也有所改變。我們時常生活在完美的矛盾中：我們想像事情的可能方法，但是一旦我們認為我們已擁有了答案，我們自然地發現更多的問題。目前的情境總是不夠完美，但也許目前的情境比起從前已經算是最好的了，因此生活於當下總令人感到興奮。你現在的思考也許也是到目前為止最好的思考，但是你知道它將會持續改變且變得比現在更好。你擁有的每一天都是最好的，而你知道明天將會比今天更好。生活總是不斷地進步且變動不居，直到我們死亡的那一刻為止。這就是為什麼我們當下的所作所為，讓生命具有重要的意義。

也是這樣變動不居的本質，讓行動研究取向能以動態的方式來確保人們生活的更新和再造。我們始終不斷地思考且尋求，從不曾滿足於讓事情停滯不前───不是不滿足，單純只是因為生活確實變動不居，而我們和他人都在改變。一旦我們確定已經達成目的，我們就會休息和睡著，只要我們仍然保持警覺、隨時對新的開始保持開放，於是我們會變得比現在更好。我們所尋求的不只是個人的更新，而且是在專業上，特別是在教育方面，我們正在尋求社會的轉型，使我們能夠對教育機構與社會有顯著的影響，以締造一個更好的生活情境，使我們及我們的兒童能夠獲得較佳的學習機會，以充分發展其潛能。

現在你已經閱讀完本章，你將能夠

◆ 與其他人一起評估你的實務工作。
◆ 確認在執行行動研究中你需要的人際技巧。
◆ 呈現你所重視的倫理考量
◆ 為你的方案擬定一個行動計畫。

Chapter 3
執行行動研究方案

本章提供你在執行行動研究時的一些實用的指引,它給你一個工作計畫,使你能夠全神貫注於你在方案中的工作任務。

本章分成兩個章節:

一、行動研究循環中的省思

二、實施行動計畫

行動研究循環中的省思

在開始你的行動前，先省思在行動研究循環中的九點重要敘述，然後省思我們的論證，你將會發現有許多需要察覺的陷阱。

◆ 回顧目前的實務工作。

◆ 確認要改變的方向。

◆ 想像進行的方法。

◆ 嘗試去做。

◆ 對所發生的事做判斷。

◆ 從發現中修正計畫，並且繼續「行動」。

◆ 監督我們的行動。

◆ 評估已修正的行動。

◆ 持續進行，直到對我們工作的層面感到滿意為止。

這是一個基本的問題解決過程，與科學的方法相類似。不同的行動研究者以不同的方式來描述，例如有些將之視為省思性行動的循環（Lewin,1946；Griffiths,1990）；有些以圖表方式呈現（Elliott,1991；Evans,1993a）；有些則視為行動的螺旋（Kemmis and Mctcggart,1982；McNiff,1988）。表徵

行動研究
76
Your and Your Action Research Project

實務工作的最佳模式其實是非線性的（non-linear），接受人們的不可預測性，而生活（甚至是工作）也從不遵循直線發展的模式。

我們所敘述的基本問題解決過程，絕不像它看起來的那樣簡單。例如，我們如何確認我們想要改善的實務層面？有一個方法就是去經驗我們自己生活中的矛盾（a living contradiction）（Whitehead,1993）；也就是說當我們的行動與我們的價值觀或信念不同時，我們會有一種不安的感覺，例如我們可能會說每一個小孩都應該有機會在班級中表達他們的想法或意見，而且他們的意見表達皆能被聽取。然而，也許因為在班級中是的互動，我們不自覺地允許男孩比女孩有較多的發言機會。我們可能相信在這本書中引用等量的男性與女性的論文是很重要的，然而我們最後卻可能發現我們所引用的大多是男性的論文。假如發現我們並沒有把價值觀落實在實務工作裡，這就是行動的最佳觸發因素。

從一個生活中的矛盾開始

了解生活中的矛盾的有用方法是：

◆ 當我的價值觀在實務工作中被否定時，即是值得關注之處。

◆ 我設想出解決這個關注問題的方式。

◆ 我以我所想像的解決方式來行動。

◆ 我評估解決的結果。

◆ 我根據評估來修正我的實務工作、計畫和想法。

(Whitehead,1989)

　　當我們擁有的價值觀無法完全落實在我們的實務工作中時，這個「我」本身就是一個生活中的矛盾。另一個重要的事情是，之前我們所描述的九點之中，第一點到第五點相當不同於第六點到第九點。這是因為行動研究常常起始於一個有些事是錯誤的「徵兆」(hunch) 或「懷疑」(suspicion)，雖然我們可能無法確切地指認出來。要能夠看到我們自己生活中的矛盾相當不容易，我們會使用各種「防衛」(defenses) 或「辯解」(excuses) 來隱藏我們已經遠離了自己價值觀的事實。而我們去想像未來行動的第一個嘗試經常是試驗性、短暫的，因此也很難加以監督。第一點到第五點陳述許多作者所謂的「偵察階段」(a reconnaissance period)，此時我們試圖去釐清我們的關注，但也可能會盲目地走入一些死胡同。它也是我們監督過程中的一個較不嚴謹的階段，因此我們在此時所蒐集的有關實務工作的資料，經常比開始研究之後所蒐集的資料更缺乏說服力。當我們繼續我們的探究，更具有清楚的意圖和可想像的結果，偵察則轉向適當的行動計畫，於是更有系統的研究階段於焉開始。

請你在此處稍作停留，利用你從上一章所學習到有關行動計畫的知識來加以判斷。以下是一個計畫表，你也可以試著完成你自己的行動計畫。

　　你可能製作出比上述這個表更詳細的行動計畫。

　　你也可能預先確認你希望一起工作的團體，你的批判的諍友及檢證的朋友的名字等等。

　　在這個階段中，你考慮得越周延詳細，你就會有愈多想法可以應用自如。而且，假如你能將這些資訊提供給你的校長或主管，它們就越有可能會被接納。在計畫階段所花費的時間，是一個很有效的投資。

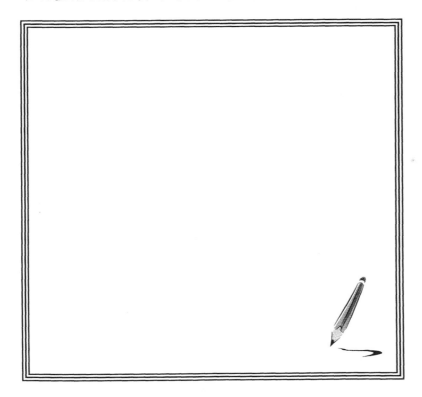

計畫表的實例

行動研究方案的時間表

你的姓名：＿＿＿＿＿＿＿＿＿＿

進行的任務	時間	
準備階段		
確認研究的領域	週	1-3
初步閱讀相關文獻	週	1-5
思考倫理議題		
寫下研究意圖的說明	週	1-5
尋求資源		
擬定經費預算	週	1-3
提交經費預算：申請資金	週	1-3
與他人一起工作		
與主管和政策制定者討論	週	1-2
邀請潛在參與者團體	週	3-5
邀請潛在檢證團體	週	3-5
實施方案		
確認關注焦點	週	3-5
提出價值觀或任務的陳述	週	3-5
蒐集證據1	週	5-7
確認指標	週	5-7
想像解決的方法	週	5-7
實施解決的方法	週	5-12
蒐集證據2	週	5-12
評估證據	週	10-12
說服檢證團體	週	13
提出報告（對知識的宣稱）	週	13-16
評估方案	週	20-22

實施行動計畫

　　本節將為執行行動方案提供一些有用的建議。這些只是指導守則，而不是指令規章。

警　　告

　　本書的書寫風格，似乎給人一種行動研究是工整及條理分明的印象。事實上不然，在嘗試去理解行動研究時，這類有條有理的分析是必要的。然而當我們真正實施行動研究時，我們經常發現它不會像本書中所書寫的那樣地工整不紊。實際上，行動研究的過程常會相互重疊、一再執行相同的步驟、不斷檢討回顧、重新定位導向，以及經常須重新聚焦。它並不是循序漸進的。一開始可能出現混沌的情況，你必須具有相當的方法策略，且按照預定的任務去執行。此時，你的督導和批判性的同事可能是你的重要支持。他們可以使你聚焦，幫助你理解你所作的事情。許多人第一次進行行動研究會經歷極度的混亂與不安，而且除非等到方案已有相當的進展，否則事情不會一一就緒。

當你進行行動方案的工作時，你可以使用以下所提供的專業公式來幫助你檢視你的方案。你應該以發展出適合自己的情境為目標，這些檢核表僅在於幫助你檢視是否你已經完成了一些工作，或者何時你會完成這些工作。

開始

發現一個研究焦點

你想要探究實務工作的哪一個層面？

你已經	是的！	何時？
確認你希望探究的領域了嗎？	☐	＿＿＿
與你的工作相關嗎？	☐	＿＿＿
小範圍、焦點明確且容易管理嗎？	☐	＿＿＿
確定你有信心能呈現在實務工作上的改善嗎？	☐	＿＿＿
確定你有信心能呈現在你所處情境上的改善嗎？	☐	＿＿＿
其他？	☐	＿＿＿

提示

研究的起點,目標在於完成這個「我(或我們)如何改善......?」的問題。

假如你無法在一開始就精確地敘述你的問題時,不用擔心,當我們進行方案時,問題會逐漸獲得釐清。研究者傾向對於他們想要探究的事情有一個直覺的想法,而且這個想法透過行動和省思,會逐漸聚焦而出現一個新的洞察。有時這個階段須花費相當長的一段時間,且有時一個或數個新的問題將會浮現出來。

工作任務

在你的工作檔案裡寫下:

你希望探究的領域。寫下你所要詢問的問題,如「我如何改善......?」,呈現出這個問題如何與你的工作相關。概要的敘述問題的背景脈絡。說明你如何希望能為你的情境帶來一些改善。

文獻閱讀

你已經	是的！	何時？
閱讀足夠和主題相關的文獻，奠定了適當的基礎了嗎？	☐	_____
閱讀有關於研究方法的文獻，奠定了適當的基礎了嗎？	☐	_____
確認還有哪些書籍或文章仍然需要你繼續閱讀嗎？	☐	_____
確認你將從何處獲得這些文獻嗎？	☐	_____
確認誰可以提供建議嗎？	☐	_____
其他？	☐	_____

提示

　　向你的督導尋求協助，請他列一張參考書目。

　　使用圖書館；向圖書館管理員尋求協助，引導你搜索文獻。

　　發現必要的電腦資料庫與摘要及索引服務。

　　購買必需的書籍文章。

　　不要認為你必須從頭到尾閱讀完一本書，你必須有所選擇。

工作任務

積極地閱讀；寫下閱讀筆記。

只在你自己的書上作記錄，不要損毀所借來的書。

整理一個電腦資料庫，或一個記錄書籍或文章的卡片索引系統；當你閱讀時，在作者的名字之下，約略記下一些和其工作有關的關鍵字句。使用你的資料庫，並且系統地建立你自己的參考書目。當你要撰寫報告時，你必須確保參考文獻的正確性。

整理一個文章影印的檔案，必須注意影印的相關法律問題。

倫理

你已經和這些人協商進入管道	是的！	何時？
校長、主管、其他當權者？	☐	_____
你的研究參與者？	☐	_____
父母、督導？	☐	_____
同事？	☐	_____
其他人？誰？	☐	_____
你已經提出書面的倫理說明嗎？	☐	_____
其他？	☐	_____

提示

不要跳過這個階段。假如你沒有得到這個必要的許可，你可能會發現你無法完成你的方案。

閱讀其他人有關倫理的說明，以明白如何書寫倫理說明。

工作任務

把所有的書信記錄在一個檔案中，以呈現你協商進入管道及允諾保密的過程。這麼做是為了（1）顯示你注意這方面問題；（2）假如有任何人質疑你是否取得同意書時，可據以證實。

寫下有關倫理的說明，且把每一封有關申請或要求進入管道的信皆影印一份存檔備查。

尋求資源

你已經	是的！	何時？
為你的研究方案擬定經費預算？	☐	_____
所需的經費來源不虞匱乏？	☐	_____
對於資金短缺有充分的準備，並預留安全的餘額？	☐	_____
考慮諸如印刷、影印或其他雜支？	☐	_____
檢視所有需要的科技設備皆可取得？	☐	_____
與他人協商科技設備的使用問題？	☐	_____
已經擬定了執行方案的進度表嗎？	☐	_____
其他？	☐	_____

提示

　　假如你需要尋找資金來源，必須在進行研究前先申請好了。

　　確定你在方案執行期間擁有足夠的資金，沒有什麼比缺少金錢更糟的了。

　　事先徵得打字行或印刷行的同意，便於立即翻印文件記錄。

　　購買一部好的電腦與套裝軟體，可以為你節省許多金錢。練習自己打字，打字相當容易，而且是無價的生活技能。

工作任務

擬定一套儘可能詳細的經費預算。遵循預算行事。

整理一個資金運用檔案或財務報表，確實掌握方案的財政狀況。

記錄每個月的收支情形，雖然對某些人來說，記帳是一件相當枯燥乏味的事，但它非常重要。

與他人一起工作

你已經	是的！	何時？
與你的督導擬定一套工作計畫？	☐	_____
與你的批判性的諍友一起規劃一個 　　進度表和工作計畫？	☐	_____
確定誰是你的研究參與者？	☐	_____
與你的參與者談論你的觀點和想法？	☐	_____
確認你的檢證團體，且同意一個與他們 　　一起開會討論的時間表？	☐	_____
其他？	☐	_____

提示

你需要事先做好大部分以上所列的工作，儘管有一些可以在方案發展過程中去完成。絕不要假定所有的人都如你所願會做你要他們做的事，你要事先尋求他們的同意，就像你一樣，其他人也都非常地忙碌。

向你的參與者提供定期的小型進度報告，使他們能夠全心投入於方案之中。

　　你必須為你的督導及檢證團體提供一個正式的研究進度報告，讓他們看到你方案的執行步驟，以及你如何達成你的方案目標。在方案結束時，禮貌地遞送一份最後的成果報告給這些團體，並謝謝他們的投入和參與。你最少應做到如此，而且之後還可能需要他們的幫忙。

工作任務

　　與你的督導協商一個工作計畫，並且寫下來。這是你的責任，而不是你的督導的責任。給他或她一份影印本，而且在整個方案期間都盡可能遵照計畫執行。

　　一旦你確認了所有參與你方案的團體成員，寫信給他們，邀請他們加入你的研究方案，讓他們知道他們將要如何參與或投入，例如有多少次聚會要召開，以及他們的責任是什麼。

　　擬定必須聚會的時間表，寫信給各個不同的團體，清楚地告知他們聚會的時間、日期和地點。

　　為你的檢證團體擬定一個聚會或會議的時間表，需要召開多少會議則視方案的時間長短而定。重點是會議要在研究進行中的關鍵時刻舉行，例如當你呈現所蒐集的資料時，或者在研究過程中的的轉折點時（這裡意謂著你有一個清楚的工作時間表）。

提出一個定期進度報告，而且在任何會議之前要先寄送一份給他們參考。寫下一份你希望你的團體回答的重要問題清單。

保持所有的記錄，以作為資料檔案的一部份。

執行方案

確認關心的議題

你已經	是的！	何時？
確認你能夠做一些事情的領域？	☐	_____
與你的督導一起釐清此議題？	☐	_____
與你的同事一起釐清此議題？	☐	_____
確定那是實務工作中的一個領域，而你 　　可以展現可能的改善？	☐	_____
其他？	☐	_____

提示

重新回顧「發現一個焦點」。與你的督導一起檢視此議題是否為可接受的研究議題。

當你完成你的文獻探討時，選擇一個或兩個關鍵字詞，且檢視是否有其他人與你的研究領域相同，也許沒有其他人，或者可能有一些有價值的研究可供你

參考。最好在你最後的報告中，讓你的評審者認為你具備了該領域研究的最新知識。

工作任務

寫下你的關注焦點，以「我如何能......」的句子來敘述。

給一個簡短的情境的描述，以呈現出為什麼你關注此議題的原因，以及你希望如何能夠做一些改善。

價值陳述

你已經	是的！	何時？
確認你作為一位專業人士所擁有的價值觀嗎？	☐	———
即使該價值觀並不被現有情境所接受。	☐	———
想像你希望情境如何演變，以符合你的價值觀？	☐	———
檢視你對所發生之事的觀點，你有正當的理由介入情境嗎？	☐	———
記錄你的價值描述，以作為將來的參考？	☐	———
其他？	☐	———

提示

仔細思考為何你選擇這個特別的領域。你的專業價值觀是什麼？也就是說，是什麼想法促使你去做這樣的工作？

在多大的程度上，你的工作是依據你所希望的方式進行？為了改善情境，你需要做怎樣的改變呢？

工作任務

寫下你的專業價值觀，且以敘述行動宗旨的方式來撰寫。

對於你的工作情境給予簡短的描述，且說明你是否已將你的價值觀落實在實務工作中。

說明為什麼你有正當的理由，來介入你所確認的特定領域。假如可能的話，顯示你已經和其他人檢視過你的觀點了，你的作為不是一種妨礙或干擾；你有合理的基礎來介入你的實務情境。

蒐集資料—證據1

<table>
<tr><td>你已經</td><td>是的！</td><td>何時？</td></tr>
<tr><td>決定你可能蒐集何種資料？</td><td>☐</td><td>_____</td></tr>
<tr><td>選擇可能的資料蒐集方法及工具？</td><td>☐</td><td>_____</td></tr>
<tr><td>決定初步分類資料的方法？</td><td>☐</td><td>_____</td></tr>
<tr><td>確定可以取得所需的科技設備？</td><td>☐</td><td>_____</td></tr>
<tr><td>與其他人討論你可能尋找的指標類別？</td><td>☐</td><td>_____</td></tr>
<tr><td>其他</td><td>☐</td><td>_____</td></tr>
</table>

提示

蒐集資料

　　我們常常會想去蒐集所有可能的資料，你必須謹慎小心，你應該確認一些關鍵性的領域，以幫助你呈現你已經實現了改善。

　　記得資料不是證據。

　　整理一個資料盒，假如你蒐集多種不同領域的資料，則最好以不同顏色的盒子或檔案匣來整理。將所有蒐集的資料分門別類放在資料盒中。絕對不要扔掉任何資料，一直到方案結束，屆時再做最後的取捨。

　　將你可能使用的資料蒐集技術列出一張清單，標上編號以利索引，可以幫助你確認哪些技術最能得心

應手。這些技術可以包括實地札記、報導札記、研究日誌、個案研究、問卷調查、訪談、觀察記錄等（參見第五章）。

你可以交互或配合著使用任何或所有資料蒐集技術。然而，不要認為你必須使用所有的技術，當然也不是一次只能使用一種技術。

儲存資料

不要期望科技設備很快就能取得。事先先檢視一番，確定你與同事能一起合作利用所需的科技設備。如果你是將資料整理在電腦硬碟中，務必要製作一份備份，以及備份的備份。最好常常存檔，我們已遭遇過很多次因電腦當機而遺失資料的慘痛經驗。

倫理議題

在你開始錄音或寄發問卷之前，記得要尋求受訪者的同意，如果有人不願意接受錄音或填寫問卷，你就不能再去打擾他們。切記研究倫理！

證據

與你的同事討論什麼樣的指標可以顯示出你所想要帶來的改變。包含這些特徵的情境就是你的證據。

工作任務

　　確認你將一起工作的團體，在你開始進行計畫之前，尋求並獲得他們參與研究的同意書。

　　選擇資料蒐集的方法及工具，確定這些設備是可以取得的，與你的同事協商設備的使用問題。

　　確定及寫下你用來做初步分類資料的方法，把這些資訊放在你的文件檔案或資料盒中，使用自黏標籤紙或其他可隨時變換的方式來分類資料（因為隨著方案的開展，你可能改變資料分類的方式）。

　　著手蒐集資料，而且將它們放入你的檔案匣或資料盒中。

　　與你的督導或課程中的其他同學保持聯繫；獲得他們對你所進行的工作的回饋，而且讓他們看看你的分類和資料，與他們一起討論你所尋求的顯著指標。試著想像證據應該會像什麼。

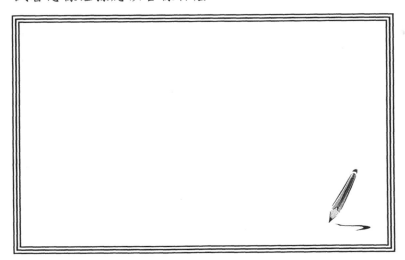

想像可能的解決方法

你已經	是的！	何時？
對於你所關注的領域，至少想像出一種可能的解決方法？	☐	_____
寫下其他可能的解決方法？	☐	_____
規劃一個有系統的策略以實施這個解決方法？	☐	_____
與同事確認你的行動計畫將不會干擾他們的作息？	☐	_____
邀請他們討論你的觀點及想法。	☐	_____
其他？	☐	_____

提示

　　考慮可能的行動計畫。思考「當X與Y發生時，實施計畫A」；或者「如果（i）與（ii）發生，實施計畫B」。

　　想像未來可能出現的情節：兩個月後（或者你所選擇的任何時間）將會發生什麼事？它將會有什麼不同？

工作任務

　　寫下可能的解決方法，以回應你的問題：「我可以為這個情境做些什麼？」

　　使你的解決方法為你的參與團體所接受，尋求他們的意見，詢問他們是否想到其他的解決方法。

　　以製作圖表的方式來顯示如何達成這個情境，與同事一起腦力激盪；提出蜘蛛網狀的圖表或其他視覺化的圖示或策略。

　　與同事檢核你的計畫將不會妨礙到他們的計畫。切記研究倫理！

蒐集資料—證據2

你已經	是的！	何時？
決定哪些資料你希望蒐集，作為第二回合的證據？	☐	＿＿＿＿
決定資料蒐集的方法與工具？	☐	＿＿＿＿
決定分類資料的方法？	☐	＿＿＿＿
決定你將用來呈現情境已獲得改善的指標或重關鍵事件？	☐	＿＿＿＿
將你的想法與批判性的同事或朋友討論？	☐	＿＿＿＿
其他？	☐	＿＿＿＿

提示

　　這是你的第二組資料，你可以使用你第一次蒐集資料的方法或工具，或者也可以有所不同。

　　你可以使用不同顏色的檔案匣或資料盒來放置第二組資料，可以用「證據一」的檔案與「證據二」的檔案作為對照。

工作任務

　　與蒐集證據一的方法相同，把資料分派至不同的檔案匣或資料盒中。把焦點放在那些可以證明你已經為情境帶來改善的明確指標。與批判性的同事一起討論，並且加以記錄。

　　詢問同事他們如何判斷你行為上的改變，並且也向你的參與者詢問相同的問題。假如可能的話，以錄音機錄下你們的對話，當你處理謄寫稿時，強調對話這個部份，它們有可能是進步的真正指標。

評估影響及其重要性

你已經	是的！	何時？
確認那些你相信將顯示改變過程的指標？	☐	_____
強調那些在實務工作中可以顯現改善行動的關鍵事件？	☐	_____
在資料中突顯出這些事件，並且與你的批判性的同事一起討論？	☐	_____
其他？	☐	_____

提示

把這些問題記在腦海裡：你如何證明這些事情是與你一同發生的？你如何能夠指出這些改變真的是因為你的影響？哪些人可以為你所說的內容背書？你的重要證據是什麼？你如何呈現？

思考「重點強調」----使用心靈的螢光筆，清楚畫出這些構成明確改變的重要證據。在方案中持續記錄這些重要證據。

工作任務

決定什麼可以被視為證據,且思考你如何呈現它們。從資料中抽取出來,寫下這些可作為證據指標的重要特徵及關鍵事件。

特別注意錄音記錄的謄寫稿。當你要求參與者對你的工作提出省思或說明他們感覺到情境有所改變時,這些謄寫稿是非常有力的證據。最好在你的謄寫稿中劃一些線以凸顯出重要部份(切記完整的謄寫稿要放在成果報告最後的附錄之中)。

開始有系統地編輯證據的記錄,建立一個「證據資料盒」--這可以是任何一種收納盒,可以保存多樣的、具有決定性的資料。確認每一部分的資料都標上了日期與編碼,以顯示出這些資料在你方案進行中的重要性和特徵。

檢證改善的宣稱

你已經	是的！	何時？
確認你的檢證團體，並安排與他們開會的時間表？	☐	_____
組織資料，以提出清楚的證據支持你已改善實務情境的宣稱？	☐	_____
確認可以建立宣稱的標準？	☐	_____
思考其他可能的標準以進行協商。	☐	_____
其他？	☐	_____

提示

　　現在你的目標是呈現證據以顯示你所促成的改善，且你將詢問人們同意或不同意你的說法。你必須記得要詢問的問題是：你要宣稱什麼？你認為你已獲致的改善是什麼？你如何證立這些宣稱？你希望別人用什麼標準來判斷你的工作？誰將設定這些標準？你必須和他人協商這些標準嗎？

工作任務

組織你的證據,整理你的資料,使你能夠確認並顯示你所認為的你已經達成的工作。

提出關鍵事件的證據,說明你如何可以顯示出情境的改善;說明在提出你的宣稱時,你如何覺得理直氣壯。

安排與你的檢證團體開會,呈送給他們一份有關於證據的報告。在會議中,邀請你的檢證團體提供回饋。

修正實務工作

你已經	是的！	何時？
省思從檢證團體所獲得的回饋？	☐	_____
思考目前嶄新的實務工作是否更接近 　　你的價值觀？	☐	_____
想像與其他人分享你新的洞察的各種 　　方法？	☐	_____
想像可能使你的機構獲益的方法，且 　　與其他人分享你的這些想法？	☐	_____
確認新的實務所需注意的層面？	☐	_____
其他？	☐	_____

提示

　　現在你正朝向方案的最後階段，而且將發表這些
研究發現。與重要他人一起檢核這些研究證據是否仍
然正確。假如需要的話，就任何他們覺得不滿意的地
方，重新與他們協商。

工作任務

　　寫下你的實務工作已經獲致了什麼樣的改變，及如何改變。

　　省思你的檢證團體的反應，且將這些反應納入你的口頭與書面報告中。

　　在撰寫書面報告之前，安排與重要他人的討論，詢邀請他們對你的工作如何影響這個機構提出評論。

執行方案的評估

你已經	是的！	何時？
仔細思考執行這項方案對你自身學習的意義？	☐	_____
仔細思考你的學習如何影響其他人？	☐	_____
詢問你的研究參與者的意見？	☐	_____
詢問在你機構中其他人的意見？	☐	_____
考慮你如何以不同的方式來完成方案？	☐	_____
將來你如何以不同的方式來進行？	☐	_____

提示

　　有兩種學習相當值得去思考：（1）你從你研究的領域中學習到什麼？（2）在你執行方案中，對於自己，你的學習是什麼？

　　它是值得的嗎？其他人如何從你的經驗中獲得學習？當你撰寫報告時，你必須將這些議題敘說清楚。

工作任務

　　寫下執行方案的這些經驗如何幫助你，使你更加了解自己的實務工作。

　　省思其他人的反應，而且將這些反應都納入你的報告之中。

　　清楚說明你學習了什麼，尤其是關於你的研究領域及你自己的學習。

　　說明你如何分享你的學習，以致其他人也可以從你這兒獲得學習。

撰寫報告

你已經	是的！	何時？
預留足夠的時間來撰寫方案的報告？	☐	_____
規劃一個寫作的時間表？	☐	_____
當報告撰寫完成之後，安排好打字的 　　工作？	☐	_____
安排好裝訂及印刷的事項？	☐	_____
整理檔案、磁碟片、索引盒與資料庫， 　　使你可以快速取用這些材料？	☐	_____

提示

　　撰寫報告的方式有很多種，有些人必須有規律地、一天花費好幾個小時來寫作；有些人只有在他們心情好的時候才會有靈感寫作。你必須決定你自己的風格是什麼，但是要保持誠實的態度。

　　不要拖延寫作的工作！它可能會花費一段很長的時間，所以請你不要在最後幾秒鐘草草了事。

　　假如你發現寫作很困難，可以向你的朋友或是你自己講述你的故事，以錄音機錄下你的故事，然後再把所說的話謄寫出來。

　　與你的督導一起探索，是否還有其他方法比書寫或者與書寫一樣好，可以用來呈現你的報告。評審者接受以錄影帶的方式來取代書面報告嗎？

工作任務

　　安排一個工作時間表，寫下來，放在一個顯眼的地方，讓你的家人可以知道你何時會進行工作。因為時間是毫不留情的！

　　整理你的工作檔，讓它看起來友善一些，讓所有你所需要的材料都隨手可得。

依照第七章所提供的方式撰寫報告。

要有心理準備你會寫幾次的草稿，第一次的草稿通常比較冗長，接下來就會越來越能夠聚焦，直到形成一個簡潔、專業的報告文件。

想想看有誰會取得這些報告文件，而你如何能讓報告的出版擁有更多的讀者？

這是你第一個行動省思的循環，你已經完成這個循環，但是循環還沒有終結，你必須向前邁進。從現在開始進行另一個行動省思的循環。

假如你覺得目前所進行的工作方法比以前好，你可能會停留在這個新的工作方法上。然而，你仍然有改善的空間；也許有其他層面需要你去關注。你可以理直氣壯地說你已經改善實務工作的一個層面，你已經促成了改善，而這是一個很大的激勵，使你能夠進行更進一步的探究。

現在你已經閱讀完本章，你將能夠

◆ 省思你自己的行動探究。
◆ 擬定一個詳細的行動計畫。
◆ 監督行動研究方案的進度。

Chapter 4
監督和記錄行動過程

　　本章提供一個監督行動和記錄行動研究步驟的方法。

它包括的章節如下：

一、監督和記錄行動研究：一般原則

二、蒐集資料：可用的選項

三、管理資料：一般原則

四、讓批判的諍友參與監督過程

監督和記錄行動研究

蒐集、詮釋及評鑑資料

　　你的行動是行動研究的核心。記住,它並不是任何一類行動,而是研究者本身基於個人和專業價值觀所立諾投入 (committed)的行動,是審慎考量其適切性之後的知其然的 (informed)行動,是有意圖的 (intentional)行動,藉由行動來達成你所設定的目標。監督行動 (monitoring the action)應該可以協助你去符合這些高標準的原則。

　　監督行動比單純只是蒐集有關你在工作上如何表現的資料更為複雜。它涉及了三個不同的操作過程:

◆ 蒐集 (collecting)有關行動的資料,盡可能將發生了什麼事的描述清楚地記錄下來。

◆ 詮釋 (interpreting)你所蒐集的資料,使你對所發生的事發展出一個暫時性的解釋。

◆ 評鑑 (evaluating)你所做的事,使你能重新計畫進一步的行動。

監督行動意味蒐集資料以作為一個去省思和評估
已發生之事的基礎，並且重新計畫進一步的行動。這
也是我們稍早所介紹的行動研究循環的基礎。

　　有一些行動是你個人的行動，而另一些行動則是
由別人所完成。舉例來說，如果你是一個師資生的督
導，你可能需要回答這個問題：「在觀察他的試教課
程後，我如何改善給予該師資生的回饋？」

◆ 在提供回饋時，亦涉及監督你自己的行動。

◆ 在回饋的前後，也將包含監督師資生的試教課
　 程。

◆ 它也包括監督你與一位批判的諍友對整個過程
　 的討論。

你可能蒐集那類資料？

監督你自己的行動

　　為了監督你自己的行動，你必須先行確認你的意
圖和動機，你隨後的省思，以及你實際上所提供的回
饋。行動研究的這一部分非常強調自我學習（self-
study）。

◆ 你的意圖和動機可能與你的單元計畫一起，記錄在你的研究日誌中。

◆ 你可以將回饋單元藉由錄音或錄影帶記錄下來，或者自己做筆記，或者要求師資生做筆記等方式，來蒐集有關行動的資料。你可以更正式地要求一位同事使用我們稍後所敘述的觀察技術來進行觀察。你可以要求該師資生完成一個簡短的問卷或接著訪談他，來瞭解他對回饋單元的看法。這將從不同觀點提供你有關你的行動的資料。

◆ 下一個任務將是去理解你的資料，以便你可以評鑑行動。評鑑是監督過程的一部份。理解資料和檢驗你的詮釋，意味著你需要涉及其他人，例如你的批判的諍友或者來自你工作場合的同事等。

監督其他人的行動

身為一個行動研究者，你必須去說服其他人參與你的行動中，成為協同合作者。在我們的例子中，這涉及在回饋單元的前後監督該師資生的試教課程。雖然這是一個合理的期待，但是在師資生、教師和督導三者之間經常存有權力不平等的關係，意味著「合作關係」(collaborative relationship)可能更需要一些努力。你應該努力讓參與於研究中的人，儘可能充

分地記錄他們自己的實務工作，以及說明、詮釋與評鑑所發生的事。例如：

◆ 你可能要求師資生去記錄他自己的意圖和動機，並在上課之前提出一個正式的課程計畫。

◆ 你可以藉由錄影來記錄課程，並自己做筆記和要求師資生做筆記。你可以協助師資生從學生那裡獲得回饋，但你對於該師資生可能感受到的任何不安要能敏銳地察覺。

◆ 下一個任務將是去理解資料。這應該在與師資生的合作當中完成，不只是因為它是一般事件運作的最好策略，而且是因為省視自己的實務工作原是行動研究的核心。隱含的目的是讓你的師資生能夠自己發展出行動研究的技巧。

監督有關研究的批判性會談

有關研究的批判性會談（critical conversations）應該發生在研究過程中的所有階段。在上述師資生督導的例子中，你可以著重以下三個明顯可進行批判性會談的地方：

◆ 你可以談論有關你的計畫和意圖。

◆ 你可以分享有關行動的資料。

◆ 你可以邀請其他人對你的詮釋、評鑑和後續計畫提出批評。

有許多理由支持記錄這些發生在所有階段的批判性會談相當重要。你可以記錄這類的會談：

◆ 慶祝並記錄實務工作發生改變的重要時刻。
◆ 使你能夠呈現自己思考上的改變。
◆ 提供證據，顯示檢證過程是持續進行且逐漸形成的。

你必須有自信，你正在鼓勵他人成為協同研究者，他們將貢獻其批判性的觀點，使你的研究更博採眾議。否則，如果他們僅是提供你所設計問題的答案，將無法使你超越你目前看待事情的方式。因此你需要記錄他們對你方案的貢獻，而你也可以監督其參與的本質，確保他們不會僅僅被歸類為資料的提供者。

資料、證據及讀者

監督行動應該提供有關行動的資料，當其被分析與評鑑後可用作證據，來支持你在研究結果中所宣稱的你已學到了什麼（第六章）。切記資料並不是證據—當它被用來支持你的宣稱時，它才成為證據。

記錄也可成為你的研究報告之原始素材（第七章）。你所寫的報告會因不同讀者而調整不同的記述

方式，你需要將其列入考量，當你計畫如何監督及記錄你的行動研究時，這點很實際，尤其是當提供資料是為了支持你的各種主張時。

舉例來說，讓我們假設你的行動研究已經可以回答如下述的問題：「身為一個數學科主任，我如何能改善我的實務工作？」行動研究的結果顯示你已能夠作出學生的數學成績比以前更好的宣稱。

◆ 你學校的校長可能希望你能提供你的行動已帶來改變的證據，例如學生的考試成績已有明顯進步等。假使確實如此，你可能需要提供測驗前及測驗後的資料。

◆ 其他教師可能要求你提供整個過程的證據。舉例來說，你可能領導一個數學科團隊，且發展出一個以學生為中心的數學課程。為了顯示這個過程，你需要呈現教師－學生互動關係已有所改善的證據；錄影的記錄可以提供這個證據。

◆ 假使你正在大學等高等教育機構進修學位學程，你可能會被要求提供你在整個研究過程中的個人學習成果，來證明你的成功，以支持你對教育實務的知識論有所貢獻的宣稱。此時可能需要你提供研究日誌和與相關人士會談的錄音帶，作為呈現個人省思和學習的證據。

監督行動有各種不同的任務，同時也有許多不同
的方式去執行這些任務，及各種可用以蒐集資料的技
術。你應該儘可能以自己的專業知識來擬定，記得在
第一章中我們強調過大部分資料蒐集的技術（量化或
質性）均可以納入行動研究之中。

 ## 蒐集資料：可用的選項

　　Colin Robson (1993:187)曾列舉了許多有關於研
究的傳統形式，並建議三個可發現正在發生什麼的有
效方法。他建議道：

> 「我們可以觀察人們並試著找出正在發生什麼；我們
> 可以詢問他們關於這件事的看法；以及我們可以設法找
> 到一些蛛絲馬跡（以及任何其他他們所遺留下來的證
> 據）。」

　　Robson的想法也可以套用到研究者探究其自身實
務工作的情境中。
　　作為行動研究者：

◆ 我們可以觀察我們的行動對他人的影響，而且
　我們也可以要求別人來觀察我們。

◆ 我們可以詢問其他人有關其觀點和看法。當我們所評鑑的行動中牽涉到其他人時，他們的回饋就非常的重要。我們也可邀請其他人協助我們省視其他的觀點，來對我們的行動研究做出貢獻—這就是Richard Winter (1989)所稱的「辯證的批判」(dialectical critique)。

◆ 設法找到一些蛛絲馬跡的想法特別吸引人。這應該包括廣泛的資料，例如錄音帶和錄影帶、照片、學生的作品、測驗結果、手寫札記，以及各種形式的文件資料。

Robson的評論對於行動研究來說過於狹隘，因為沒有提及重要的自我學習技術（self-study techniques），而自我學習技術對一個以知其然的、立諾投入的及有意圖的行動為中心的研究取向來說，無疑是相當重要的。

以下的著作是強調自我學習的研究實例。

Dadds,M. (1995) Passionate Enquiry, London: Falmer Press.
Pinnegar,S.and Russell,T. (1995)'Self study and living educational theory',Teacher Education Quarterly,22 (3).
Rowland,S. (1994) TheEnquiring Tutor, London: Falmer Press.
Russell,T.and Korthagan, F. (1995) Teachers Who Teach Teachers, London: Falmer Press.

有關資料與資料來源的構想

以下我們列出一些有關我們曾經介紹過的關鍵性問題的資料和資料來源。

你的研究焦點為何？證據在於——

◆ 記錄你最初想法的札記。

◆ 與同事討論你希望他們如何參與你的研究的會談錄音帶（及錄音的逐字稿）。

◆ 寫給你主管的訴怨短箋，指出一個需要被提出的特定議題；主管所回覆的信函，建議你自己先做一些與其相關的事。

為什麼你對此領域有興趣？證據在於——

◆ 與能表示同理瞭解的同事作相關談話的錄音、錄影帶（或逐字稿），談論有關促使你從事探究的個人價值觀。

◆ 寫給朋友的信件，述說你對現況感到不滿意的原因。

◆ 寫給自己看的報告，對你喜歡閱讀的一本書所做的評論，而那本書正好能準確地表達出你對現況的感受。

關於此議題，你的證據在那裡？證據在於—

◆ 對同事實施問卷調查，以獲得他們對可能不滿意現況的反應。

◆ 邀請學生，詢問他們對現況的覺察和評論（你要明白，如果你要他們對你的表現做出評論，他們將覺得不安且你也可能覺得不舒服）。

◆ 對現況的錄影紀錄（再次強調，當你看到錄影帶時，準備好去面對現實；從獨自觀看開始，然後邀請能表示同理瞭解的同事和你一起觀看）。

你能做什麼？證據在於—

◆ 寫下有關你會如何處理這些事的行動計畫。

◆ 寫下日誌，呈現你的想法和想像可能的策略。

◆ 一旦你介入你的實務工作中，描述你對未來發展情勢的想法。

你能蒐集到那些證據來證明你所做的事是有影響力的？證據在於—

◆ 對學生實施第二次問卷調查，要求他們對於情境如何改變以及是否有所改善加以評論。

◆ 紀錄團體討論有關情境如何有所改善的錄影帶。

◆ 對學生父母實施問卷調查，詢問學生在家的表現是否有所不同。

你將如何解釋這個影響？證據在於—

◆ 與檢證團體針對特定的標準、指標、與分類進行討論會談的錄音／錄影記錄。
◆ 顯示對分類和指標的省思日誌。
◆ 記錄與參與團體討論有關分類及指標的實地札記。

你如何能確定你所做出的判斷是公平和正確的？證據在於—

◆ 與檢證團體一同察看關鍵事件的會談錄音或錄影（和逐字稿）。
◆ 來自檢證團體的書面回饋，說明他們同意你已達成你所宣稱已完成的事。例如檢證你對已獲致知識的宣稱；或者，建議你可能完成的其他事項，或你可能獲致改善的其他方法。
◆ 來自參與者的書面回饋，說明他們同意你所撰寫的報告。例如，檢證你對已獲致知識的宣稱。

管理資料

你的工作素材

為了進行你的方案，你將需要下列素材：

◆ 一個工作檔案（可能更多）。
◆ 資料盒。
◆ 一部電腦（最好如此）。
◆ 一個索引盒和卡片（如果你尚未擁有電腦）
◆ 一本札記。
◆ 屬於你自己的工作環境。
◆ 數本小筆記本。

你的工作檔案

將儲存所有你匆匆記下的東西和資料，這些工作檔案可能在方案的較後階段需要用到。

你的資料盒

將儲存所有片段的資料。取得數個彩色或其他可識別的盒子—盒子檔案，或影印紙箱子。將每一個盒子貼上依你資料分類的標籤，並且將片段的資料放入適當的盒子中。這些盒子可被視為你的資料庫。

你的電腦

是一個很棒的投資，將取代很多先前所提及的資料整理和分類工作，包括資料庫的編輯、參考書目及索引等。

索引盒及卡片

（如果你尚未擁有電腦）適於用來記下閱讀書籍的標題，以及作者、出版商、日期和出版地等。將這些資訊放在卡片的頁首。在卡片上，記下你從書上所讀到的重要句子。你必須從一開始就保持記錄你的參考書目。當你開始撰寫報告時，你必須取得正確的參考文獻，否則你可能會浪費許多無謂的時間去找尋遺漏的文獻，特別是如果書籍已歸還圖書館了。

你的札記

（或流水帳，或日誌）是對事件的記錄，同時也記錄著你對那些事件的想法。你可以使用一本筆記本或活頁筆記來作你的札記。這可作為證據的一部份，顯示你的行動和想法如何隨著時間改變。立志從一開始就定期地寫作你的札記。雖然不需要每天都做，但你應該為自己設定一個模式，並且信守它。第六章會提供持續寫作日誌的詳細建議。

你自己的工作

環境是極為重要的。良好的光線、空間、和通風

很重要；良好的設備亦然。長遠來講，你的電腦和印表機將為你節省下數小時的時間和大量的金錢。安排一個不會被其他人（例如你的家人）干擾的空間。如果需要，在桌角放一個「請勿打擾」的牌子。

小筆記本

也是重要的。重要的想法可能會隨時出現，如果你隨身攜帶一本筆記本，你就可以立刻記下你的想法。將你的筆記本放在幾個重要的地點—在家中、在工作的地方、在你的皮包中。你不會知道靈感何時會出現，但當靈感來時你就可以適時捕捉住。你會發現你逐漸養成隨時記下東西的習慣，而記錄的本身亦可產生更多的想法。

最後—

你自己

最重要的是你自己有愉快自在的感覺。有時候，最好的想法會在非計畫的時間出現，而最好的寫作則在信封背面、在公車上、在半夜中完成。假使你對自己感覺不錯，你的工作亦會有良好的表現。自己有價值、有貢獻的感覺，是世界的任何一件事都不能取代的。確定你有這樣的感覺，並且喜歡進行這個方案。

管理資料

　　我們曾經建議，資料需產生於你監督整個行動研究循環的過程；也就是說，資料需產生於你對計畫、行動和所採取步驟的紀錄中，並包含你對這整個過程的省思和評鑑。有效地管理這些記錄，使其在你的研究中是有系統的。將你的資料加以組織，並作成索引。不管你採取那種系統都無所謂，只要是你可遵循的可理解的系統。

　　資料的管理如同記憶的組織一般，包含了三部分：儲存（storage）、編碼（encoding）和擷取（retrieval）。

◆ 儲存涉及在一物理空間中組織資料的系統。
◆ 編碼涉及對資料進行分類和製作標籤的過程。
◆ 擷取涉及我們用來從儲存檔案中找出資料，以及以有意義的方式使用資料的方法。

儲存

　　你應該如何儲存資料？將所有資料放在床底下的大箱子並貼上「我的檔案」標籤是沒有用的。你可能需要依據資料本身的方式來儲存你的資料。

資料可採多樣化的形式儲存，例如：

◆ 錄影帶。
◆ 錄音帶。
◆ 兒童的作品。
◆ 文件。
◆ 文本—在實地札記中的原始資料、日誌、已完成的問卷調查等。
◆ 電腦磁碟片—分析書面資料、表格等。
◆ 記錄卡。

編碼

在每一個儲存的系統中，你需要將資料貼上標籤，並加以分類。

貼標籤

每一項資料都要貼上標籤，以使你知道它是什麼。你的標籤應該標示：

◆ 何時發生？
◆ 在那裡發生？
◆ 關於什麼？
◆ 誰參與其中？

分類

　　有兩種主要的資料分類方法，可被有效地運用於做交叉參考：

◆ 資料的類別可依據行動研究循環中不同階段所蒐集資料的時間序來加以區分。
◆ 資料的類別可依據方案的不同實地來加以區分，例如圖書館裡的文獻蒐集、自我學習省思、教室情境、辦公室情境、與批判的諍友的會談等。

　　你可能會發現運用不同的檔案或有色彩的盒子是很有用的。

　　儲存資料應該提供一個個案記錄的資料檔案，使之成為原始資料的來源（Stenhouse, 1978: 36）。你需要一個用以將資料貼標籤和作索引的系統，讓你易於在報告中提及有關的資料，而且在需要資料時就可立即找到。

擷取

　　Stenhouse所用來評鑑個案記錄的主要標準，是讓其他評鑑者也能夠取得。當你準備資料檔案時，記得它的目的是為了給別人看。你對資料很熟悉；但別人並不一定！他們需要被小心地引導才能熟悉你工作的實地；因此要牢記以這個引導的方法來組織和呈現你的工作成果。

擷取資料的目的係用來支持你所提出的有關研究的宣稱。然而，Stenhouse承認在資料檔案中的許多資料都太龐大且涵蓋許多枝微末節，很難全部呈現在他人面前，因此他認為個案記錄應有兩個部分，包括個案資料及個案記錄（op.cit:37）。

個案資料（The case data）是研究者所蒐集到的所有材料。要將這些公諸於眾實在太過龐大，但是當需要這些資料時，要讓它們隨手可得。

個案記錄（The case record）是他所謂的「一個個案資料的精簡濃縮本」或「一個經過編輯的原始資料來源」。

當計畫一個資料檔案時，必須要明白當使用資料涉及到他人時的倫理問題（第二章）。你是否已澄清每件事的原始出處？你是否已獲得參與者同意使用其真實的話語？個人的身份是否被妥善隱藏？

使用資料

當你想引用證據來支持你所作的陳述和宣稱時，仔細想想有多少次我們在沒有證據的情況之下做了非常實然的宣稱：

「我的客戶們對這個商品非常滿意。」
「兒童們應該被關注，而不是只要求他們聽話。」
「自從新老闆接管後，情況已有所改善。」

「不要告訴我如何養育我的小孩，我自己做得非常好。」

　　證據在那裡？所表達的是誰的觀點？誰來判斷該陳述的真正價值呢？

　　實際上，在質性研究、個案研究、行動研究、生活史、和其他新的研究典範方法論之文獻間，這是一個重要的分歧。研究者有時候做出非常實然的主張，卻沒有提出支持的證據來顯現其關聯。你需確定並沒有落入相同的陷阱中。當你的讀者讀到一個陳述像是：「我的病人們都說他們對於新的服務很滿意」，他們想要一些來自病人的證據。當讀到你這樣的主張：「我的護士學員透過互動式錄影帶來學習這個教材，比起其他學習資源更有效率。」你的讀者會想要聽到護士學員提供他們的觀點。作為一位研究者，你並不能代表你的研究參與者發言，否則你可能會扭曲資料與其分析。你必須讓他們為自己發言。

　　你當然可以產生不同形式的證據來支持你的主張。它可能是以統計的形式，或文件紀錄，或任何其他適當的形式。你可能想要製作靜物照片來強調有關發生了什麼的詮釋，你可以參考錄音帶或錄影帶的證據來鞏固你的說法。你也能交叉參照你的實地札記和參與者的實地札記，並且以那些作為證據。不管採取何種形式的證據，它必須在那裡。有關處理資料的技術，我們會在第六章中提供一些建議。

讓批判的諍友參與監督過程

本章一開始，我們便提出監督行動比只是蒐集有關你在工作中如何表現的資料更複雜。我們建議它將涉及三種不同的運作：

◆ 蒐集有關行動的資料，盡可能將發生了什麼事的描述清楚地記錄下來。

◆ 詮釋你所蒐集的資料，使你對所發生的事發展出一個暫時性的解釋。

◆ 評鑑你所做的事，使你能重新計畫進一步的行動。

這些運作的每一項，都可讓其他人來幫助你對你的實務工作進行有原則的和批判性的瞭解。互助合作（cooperation）和協同合作（collaboration）是行動研究不可或缺的，因為它的本質就是一個教育活動。以下兩個想法是引自Pam Lomax的行動研究六個原則，（Lomax,1995）：

◆ 行動研究是參與的（participatory），其他人參與涉入其中，作為協同研究者（co-researchers），而非只是資訊提供者（informants），於是形成了行動研究的批判性社群。

◆ 行動研究是與「受過教育的」的讀者分享想法、詮釋和結論，他能夠並且願意去判斷研究的真確性（authenticity），及其與某一特定專業背景脈絡的關聯性（relevance）。

要符合這些原則，你需要去發展與他人的關係。你要：

◆ 請求同事對你的行動提供批判性的回饋。
◆ 鼓勵他們分享作為一個行動研究者的教育經驗。
◆ 說服他們成為協同研究者。
◆ 準備放棄行動的主導權，假使你的同事們已準備好去行動。

如果你能做到下列的要求，你將會使你的這些努力最為成功：

◆ 你是開放的，且避免去操控他人。
◆ 你準備好去冒險，且有時候也讓他人敢於冒險。
◆ 使你的研究透明公開且淺顯易懂。
◆ 你很清楚協同研究所應遵守的倫理守則。

你從那裡開始？

「千里之行起於足下」，你需從小處做起。與一位願意提供批判性和支持性建議的同事建立共事關係(working relationship)。我們稱這些同事為「批判的諍友」(critical friends)。我們所用的這個專有名詞不同於Bayne-Jardine and Holly (1994) 視批判的諍友為「局外的歷程諮詢顧問」(outsider process consultant)。在我們的模式中，批判的諍友被期待扮演一位知己或督導員，秉持其局內人觀點(insider perspective) 在整個研究過程中定期和你討論。因為批判的諍友被認為是很了解研究背景脈絡的人，他們可以幫助研究者處理工作上的微觀政治學(micro-politics)。選擇這些同事作為批判的諍友，可能因為他們在機構中的角色能賦予研究者某些權力，支持研究所將帶來的改變。這是絕對可以被接受的，因為我們期待研究者要去與資深的同事協商其研究焦點，以使研究工作能同時裨益組織機構和個人。批判的諍友不論其地位或角色，都應該能夠督促研究者獲得一種批判性的洞察，即使這可能會挑戰研究者對其工作所先存的假定。我們承認當研究者和批判的諍友持有相同的價值觀和假定時，要堅持如此批判性的立場將會更為困難。

他們在檢證研究上扮演什麼角色？

我們在第一章裡介紹了檢證（validation）這個概念，並且在第六章裡將有更詳細的探討。在行動研究的制度化形式上，一個共同的程序是去邀請批判性朋友加入已組成的檢證團體，來檢證一個同事的行動研究。以下所述是有關來自不同群體的批判性朋友在一個同事的檢證會議中所扮演的角色（Lomax,Woodward and Parker, 1996）。批判的諍友係以下列方式來覺察其所扮演的角色：

◆ 扮演目擊者（witnesses）的角色，確定且證實研究是以其被描述的方式進行。
◆ 協助研究者，對研究提供良好的敘述說明。
◆ 作為評鑑者（evaluator），建立批判性夥伴關係（critical partnerships）。
◆ 成為研究者的精神支柱（moral support），給予鼓勵、正向回饋和同理的支持。

誰可以扮演一位批判的諍友？

最近一些有關批判的諍友之於修習碩士學程教師的研究（Lomax,1994a）顯示他們主要是全職的工作同事，主要是女性，且大部分是低年級的教師。許多批判的諍友是來自資深管理團隊，其他批判的諍友有

學科主任、兼任老師、學校管理者和來自工作場所以外的人（主要是其他教師）。當被問及為什麼挑選這些人時，所得到的回答如下：

◆ 相容性與共通的價值觀。
◆ 對研究的興趣或本身也涉入研究。
◆ 有能力提供具挑戰性且批判性的回饋。
◆ 便利易得。

　　有時候批判性的夥伴關係被視為是一種潛在的共謀（potential collusion）。共謀顯然是不幸的，因為它很容易阻礙對研究宣稱的適當檢證，因此我們期待有各類不同的專業人員能參與你的檢證過程中，而其中只有一個是你的批判的諍友。你與批判的諍友的關係是逐漸形成的，而且我們希望共謀不會傷害如此關係的教育潛能，因為此一關係可形成信任感，成為推動你向前邁進的重要動力。事實上，某些人可能會主張批判的諍友在檢證會議中的角色是提供證據和支持性的，而不是批判性的。然而，這並不排除他們在研究過程的其他時刻扮演一個更具批判性的角色，以達成研究的目的。

> 你現在對於監督行動過程已經有了一些概念，而且你也思考了如何讓其他人參與涉入你的研究之中。接著，你可以開始去想想你將如何處理你的資料。

Chapter 5
處理資料的技術

本章提供你一些有關處理資料檔案的技術，以作為行動研究中個案研究的證據。每一節將處理一個特別的技術。

本章包括的章節有：

一、使用研究日誌

二、觀察法

三、問卷調查

四、訪談

五、攝影、錄音及錄影

使用研究日誌

　　日誌（diary）常被利用來寫下人們生活當中對日常事件的想法和感覺。對青少年來說，這是一個很好的消遣。也許這類日誌中最有名的是Anne Frank所寫的。這類日誌在日後將提供對過去生活和時間中非常重要的覺察。在許多政治人物和其他公眾人物的生活中有一個撰寫札記或書信的傳統，以作為日後出版自傳的實質內容。很多人也保持寫日誌的習慣，以便記得他們的會議內容，且留下這些會議的記錄。這些關於撰寫日誌的常識性理由，可以彰顯撰寫日誌在行動研究架構中的目的。

　　現在就讓我們來思考：

◆ 個人日誌的類型，其目的和所產生的日誌項目。
◆ 撰寫合作日誌（collaborative diary）和由他人撰寫的日誌。
◆ 開始撰寫研究日誌的方式。

個人日誌的類型，其目的和所產生的日誌項目

在你開始去組織日誌之前，你必須要考慮你可以怎樣處理蒐集到的資料。對於因目的不同而蒐集的各種資料，你可能需要不同組織日誌的方式。以下是一些構想：

◆ 日誌可用來訂定一條時間線（time-line）。確立一條清楚的時間線是非常必要的：努力記錄下每件附有日期、時間以及註記適當情境脈絡的資料。

◆ 它可用來闡明（illustrate）一般性的觀點，特別重要的是可使讀者去同理有關情境脈絡的詳實的描述（thick descriptions）。

◆ 它既可用來作為原始資料，也可用來作為分析的資料。這意味著你必須排出項目的優先順序，並使優先順序的選擇標準更為清楚。

◆ 它可用來記錄行動研究的進展，包括成功或不成功的行動，以及從省思中所浮現的個人學習。

某些作者會將如「流水帳」（log）、「札記」（journal）和「日誌」（diary）等名詞區分開來，認為它們應該是不同種類資料的記錄。其他人則建議以不同形式的札記來記錄不同的思考方式。我們並不作

這些區分。這應由你自己來決定你想如何稱呼你的日誌，不過你必須很清楚它的目的，和你在日誌中記錄的項目和種類。

撰寫日誌應在你整個行動研究方案中持續地進行。很多人在研究的初期階段仍對寫作缺乏信心，而撰寫日誌可能會比撰寫正式報告要容易些。雖然它較不嚴謹，但是日誌仍應提供你一些記錄，使你能夠去回溯與省思。這裡要提醒你：很多人常會在稍後階段中，非常懊悔沒有讓記錄項目儘可能地詳細和嚴謹，所以你要從一開始就養成這些好習慣。

你的日誌可能是下面所列的其中一個或數個：

◆ 一個定期且有系統的記錄，記載有關事件、日期和人物的真實資訊。它可以用以下的標題來組織，例如：何時（when）？何地（where）？什麼事（what）？和誰（who）？你所記錄的資料應該幫助你來建構一個有時間序列的時間線，或重新建構事件以清晰地描述所發生的事件。

◆ 一個輔助備忘錄（aide-memoire），用來將稍縱即逝的想法簡短地筆記下來，以留作研究後期的省思。

◆ 一幅對特殊事件和情境作詳細描繪的圖像，可提供豐富的敘述性資料，作為後期寫作書面報告的基礎。

◆ 一個用來記載非計畫中所發生的軼事、偶然觀察、非正式會談和主觀印象的記錄。這類日誌通常必須精確地記下所說的話，以便日後報告中能夠直接引用。

◆ 一個內省和自我評鑑的報告，記錄個人的經驗、思想和感覺，以嘗試去了解你自己的行動。這可以為你的自我學習過程提供非常具有說服力之證據，並且指出行動和結果之間的聯結。因為一個行動研究循環的邏輯結果並不容易解釋。

◆ 一個令人欣慰的夥伴，特別是在有壓力且需要「拋掉」當時無法應付的負面經驗的時刻。以此方法，你可以記錄下當時的事件和感受，留待以後你在情緒上有能力負荷時再來處理。

◆ 一個省察性報告。目的藉由書寫來檢驗經驗，以便能夠更佳地了解經驗，這包括你對事件的暫時性觀察和詮釋。由於省察性報告可以處理所有你不想公開的個人詮釋，因此它可以是非常有療效的。而它也可以是非常具有創意的，可以嶄新的方式來省視尚未準備好要公開的經驗。

◆ 一個分析的工具，用來檢驗你的資料和處理分析的問題。這將是有關計畫、行動、評鑑和再計畫，以及各環節彼此之間關連性的有系統的記錄。你應該納入那些可以在不同時間用來定

位方案的問題。你應該以不同的表徵方式來記
錄行動研究，如圖表、模型或甚至圖畫，可隨
著時間而改變。

◆ 一份記錄你的進步情形的文件，包括敘述、分
析和判斷。你可能發展一組用以定期評估你進
步情形的標準。

◆ 一種使自己與行動保持距離的方式，以對行動
保持質疑的態度。你可以使用日誌項目作為文
本，並提供不同種類的文本分析。舉例來說，
如果你關注在工作中可能會有的性別歧視，你
可察看你用來描述事件和人們所使用的隱喻
(metaphor)，或省視當你描述不同性別的人時
所使用的記錄項目。

撰寫合作日誌和由他人撰寫的日誌

撰寫日誌上的協同合作

如果你正與一個或更多他人進行一個合作研究方
案，你可能決定「三角檢證」(triangulate) 你的日
誌項目。所謂三角檢證是指你使用了從不同來源所蒐
集到的資料。例如：

◆ 你和你的夥伴可能一起進行工作,但各自記錄不同的日誌,以檢核你們對事件的不同詮釋。

◆ 你和你的夥伴可能關心同一個議題,但在不同的情境中工作,並使用你的日誌項目來比較不同的情境和反應。

某些研究者使用一種互動式日誌(interactive diary),各自寫下對彼此之省思的評論,來回應彼此的省思。

由其他參與者撰寫日誌

作為一個主要研究者,你可以撰寫日誌或事件的流水帳,而且要求行動中的其他參與者也撰寫類似的日誌,可用以檢核你自己的詮釋。

你可能要求參與者去寫有關他們正在做什麼的日誌,並獲得他們的許可去使用這些記錄作為資料。舉例來說,對於第四章所給的例子,撰寫日誌即是一個好方法,可用來發現實習督導對師資生提供建議的有效性。雖然在這樣的案例中,你成為日誌記錄行動的局外人,但是為了評估你所促成的行動結果,此類資料仍是需要的。如果你是一個行動的局外人,你需要特別注意去省思你與局內人的關係本質,並且謹慎地使用他們的回應,以使其儘可能的透明且公開,並確定他們同意你使用這些資料。

這裡要特別強調行動研究者謹遵嚴格倫理守則之必要性。假使你獲得使用他人日誌的許可，你必須檢核是否以適當的方式來使用它們。這意味著你要提交報告給相關的人士去檢核，並獲得他們的同意。你也必須弄清楚採用匿名的方式是否合適，或者撰寫日誌者希望如何被稱述和致謝。

建立並維持撰寫研究日誌

對某些人而言，日誌的寫作並不是一件自然而然的事，因此你可能必須要訓練自己去開始撰寫日誌。確定你可以規律地寫作，以及定期騰出一段特別的時間來作記錄。你可能將它合併在你對一天行為的綜合省思中。雖然你不需要每天或每兩至三天就作記錄，但一個規律的時間表可能是必要的。

在開始撰寫日誌之前，請先思考以下的一些相關問題：

◆ 你是否需要保有超過一份以上的日誌，以因應不同目的的記錄？

◆ 你是否應該將你的日誌區分成一些章節，使你可以使用不同型式的查索標籤？

◆ 你是否需要去發展一套整合查索系統，包含單一日誌的不同章節，或包含為不同目的而撰寫的不同日誌？

◆ 你是否應該以活頁式檔案夾的方式來記載特定素材，就像是一本個人萬用記事本？

◆ 你是否可以採用完全不同型式來記載日誌，例如：一個依項目分類的卡片索引系統，或是「會說話的日誌」（talking diary）—以錄音機作簡要的記錄，作為日後消化和擴充之用。

◆ 你將如何設計每一頁？是否留有空白讓日後可作額外的補充？

◆ 你是否將個人省思的部分和其他你可公開部分在日誌上區分開來？

◆ 你是否用你的日誌來記錄由其他研究方法，例如觀察或訪談所蒐集到的資料？

◆ 何時你將寫作你的日誌？將你的日誌寫作視為和你自己的契約，並且定下一個特別的時間來進行。請記得日誌的作者也需要時間來省思已寫過些什麼，並且定期地去回顧和重寫。

一些最後的想法

◆ 隨身攜帶一本可供快速記錄的小筆記本，它可被轉換成你日後的主要日誌內容。

◆ 定期地回顧和總結你的日誌，這對於辨認資料中的聯結和組型具有相當的重要性。

◆ 養成習慣將你日誌中的項目告訴你的批判的諍友，並且邀請他與你一起討論。

有關撰寫日誌的進一步閱讀：

Altrichter,H.,Posch,P.and Somekh,B.（1993），'The research diary' in Teachers Investigate Their Work, London: Routledge,10-32.

Burgess, R.（1985）'Keeping a research diary' in J. Bell（Ed.）Conducting small-Scale Investigations, London: Harper Row.

Holly, M.（1989）'Reflective writing and the spirit of enquiry' in Cambridge Journal of Education 19（1）77-80.

Walker,D.（1985）'Writing and reflection' in D.Boud, R.Keogh and D.Walker（Ed.）Reflection:Turning Experience into Learning, London: Kogan Page, 52-68.

觀察法

　　如果你有系統地觀察發生了什麼，你就是正在使用一種觀察技術（observation technique）。行動研究者通常是行動的核心，並不適合由他們自己來做這個觀察。所以，行動研究的合作原則就是鼓勵你去尋求協助，邀請你的同事來觀察你的行動，或是彼此觀察。

　　舉例來說，Rod Linter把他的課程錄影起來，然後用Flanders互動分析表（Flanders Interaction Analysis Chart, FIAC）來分析教室中的師生互動。他將此當成行動研究設計的一部分，來了解是否他在教學上的一些改變作法能成功地增加學生在其課堂之參與度。他的研究很有趣，尤其是他說服了一位同事來幫助他，並使用FIAC工具來分析他所錄影的課程，以加強他對分析的信心。初步分析的結果確實促使他能夠省思在教室中所發生的事，並且採取行動去修正。他的初步分析顯示：

　　「... 教師的高度指導性和給予學童有限的機會去表達他們的想法... 這些類似的警示，是觀察這個有二十四位學生的班級所產生的啟示，這些學生有十二位始終保持沈默，而其中有九位是女孩！」

（Linter, 1989: 91）

假使你是一個工作團隊中的一員，則你的同事們更可能會願意去觀察你，或是給你一些時間去觀察他們。例如，因為Marian Nicholas係和同事進行團隊教學（team teaching），於是她可以在四堂人文課程中觀察她的同事。她使用如下所述的簡單計算方法，來計算由學童啟動（pupil-initiated）或由老師啟動（teacher-initiated）的不同類型的兒童互動。她寫道：

　　「作為一個非參與的觀察者，我要計算的是在四堂人文課程中的互動。我是以性別、高能力、學習困難（LD）、和以英語為第二語言（ESL）的分類方式，作為互動分析的基礎。在學童啟動的互動方面，獲得最高分的是男孩，而最低分則是以英語為第二語言的男孩。在由老師啟動的互動方面，獲得最高分是女孩，而最低分則是具有較高能力的男孩。我們看到當互動是由男孩所啟動時，他們會控制整個會談；但在由教師啟動的互動中，教師較能成功地和女孩們產生正向影響的互動。我們也注意到以英語為第二語言的男孩是由學童啟動互動的最低分，而以英語為第二語言的女孩則在四堂課中只和教師啟動的互動有兩次對話。這情形證實了一個觀點，即我們的難題並不單純只是性別動力的問題，而是在混合能力教學上的失敗。」（Nicholas, 1996:97-108）

教師們協同合作使用傳統觀察技術的另一個例子，來自於Margret Follows的報告，提到有關她如何在一個幼兒學校中和兩位協同合作教師成立彈性教學小組，並發展出自己的觀察時間表去評量該小組的協同合作教學。其理念是鼓勵那些和三位教師一起工作的兒童，去運用一個能同時容納許多活動的共享教學區域。

　　「兒童們被觀察了五個星期。在一天中，每一個活動均被觀察兩次，一次在早上、一次在下午。將每一個班級中參與活動的兒童數目記錄在檢核表上，並用字母（R），（A）和（I）來代表班級的單位......在超過五週的觀察週期中，我們發現有個班級的兒童在資源使用上呈現遞減的現象，有兩個班級的兒童在資源使用上有較大的變異情況，而有三個班級的兒童在資源使用上則是增加的。」（Follows, 1989:82）

　　像Nicholas和Follows一樣，設計出你自己的觀察時間表，可以比現成的版本更能符合你的目的。如果你決定要設計自己的觀察時間表，以下有一些特定的原則需要列入考量：

◆ 觀察的目的為何？你想要發現什麼？
◆ 那些重要的行動是需要觀察的？它們是否同等重要？
◆ 資料將如何被使用？它是否適當？

計算人次

　　計算人次（headcounting）是一個直接了當的過程，簡單地計算一個特殊事件的發生次數。在一個特別情境下去觀察所有的行動是不可能的，所以你必須有選擇性的去觀察一小段時間內的特定片段。舉例來說，Follows將她的觀察分段成為每天早上和下午兩個時段。在這期間，她觀察在一個紅色遊戲區內玩耍的兒童是否來自一個、兩個或三個班級。五週後，她製作出下列的圖表：

每週在紅色教學區中活動的兒童所屬班級單位表

	第一週	第二週	第三週	第四週	第五週
來自一個班級	77%	31%	51%	32%	37%
來自兩個班級	20%	64%	20%	46%	25%
來自三個班級	3%	4%	20%	22%	37%
活動的次數	35	45	35	41	51

互動流程圖

　　製作流程圖（charting）的構想是為了畫出一個能夠清楚指出什麼正在進行的圖形。舉例來說，你可以使用下列所呈現的流程圖來表示人們之間的互動關係。箭頭直線中間所畫出的小交叉線，指出幾位不同人們之間彼此互動的次數。而箭頭則顯示誰對誰說話。

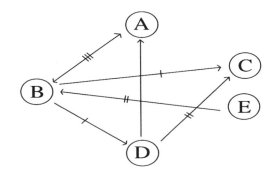

程序分析

　　程序分析（procedural analysis）的練習，需要你先擬定一個議程或一個特定事件的時間計畫，然後在此架構中去標繪出行動和互動。舉例來說，McTaggart想要凸顯出誰在工作人員會議中說最多的話，於是使用了一個架構，在一軸上列出參加會議的

人名，而另一軸則標示出他們說話的時間量。從這個架構中他可以確定每一個人在會議中做出貢獻的次數和他們說話的時間長度。因為他自己也參與會議，故他將會議錄音下來，並使用錄音帶去檢核他的發現。以下的表格記錄是他的觀察結果。

工作人員會議的參與度分析1989/1/3

參與者	貢獻次數	時間長度（分.秒）	%的全部說話時間
M先生	42	18.41	49.7
主管	36	9.29	25.2
S太太	14	2.25	6.5
B1先生	21	3.35	9.5
M太太	13	1.19	3.5
A先生	6	1.10	3.1
B太太	6	0.13	0.5
A太太	1	0.02	0
R太太	6	0.23	1.0
C小姐	5	0.17	0.7
C太太	0	0.00	0
總計	150	37.34	100%

（McTaggart, 1990:75）

行動研究
Your and Your Action Research Project

互動過程分析

　　互動過程分析（interaction-process analysis）的繪圖可以多元化的方式呈現。例如，Linter引用Flanders互動分析表，以表格的方式來記錄人際互動的數目和類型。這個技術可用在記錄非常複雜的互動之中，但它非常要求專注。你需要熟悉這些行為類別，設計一些工具來作為記錄所觀察之行動的指標。舉例來說，如果你想要了解發生於日常會談中的互動種類，以下是一種你可以使用的時間記錄表。

觀察談話互動的記錄單

行為類別	一分鐘的間隔				
	1	2	3	4	5
微笑	‖‖	‖‖‖	‖	‖	‖‖
接觸	‖‖	‖‖‖	‖‖‖	卌‖	‖‖‖‖
點頭	卌	卌‖	‖‖‖‖	卌‖	卌‖‖
啟動談話	‖	‖	‖‖‖	‖‖	‖‖‖
傾聽	‖‖‖	‖‖‖	‖‖	‖‖	‖
同理	‖	‖‖	‖	‖‖	‖‖

處理資料的技術
Techniques for dealing with data

在這節中所描述的觀察資料，對於追蹤你自己和學生之間或是學生彼此之間的關係變化是非常有用的。你可在一學期的定期間隔時段中，使用相同的觀察時間表。如同我們所見的，觀察的技術可以藉由錄音及錄影記錄的輔助或者藉助多人的協同合作，而更增進其效益。

 # 問卷調查

新手研究者常常未經充分地考量問題，就倉促的從事問卷設計(questionnaire design)。這是很危險的。發出一份問卷有時是一種政治性的行動，因為問卷並非中立的。問卷會影響應答者(respondents)，且提醒他們去注意以前所未思考過的想法。

你是否想要將你問卷中底涵的想法提供給你的應答者？例如：如果你寄一份問卷給父母，詢問他們的小孩是否曾經在學校中遭受欺負，則他們就會想到：原來學校中有可能會發生學童被欺負的事件。

有時候對問卷調查的應答可能會被誤導。例如，Moira Cluskey即指出應答者是不可靠的資訊來源：「如果今天我問我的學生他們是否喜歡學校，我可能得到60%的肯定回答。如果明天我問相同的問題，結果可能掉到50%。而這個正向應答數目的減少可能是多種不同因素所造成的。」(Cluskey, 1996:1-4)

在這節中，我們想要提供有關問卷設計和使用的一些基本常識。如果你選擇使用問卷調查，請作更進一步的閱讀。

除非你有一個非常好的理由，否則不要使用問卷調查。

在一個行動研究設計中使用問卷調查的兩個好理由是：

◆ 為了蒐集除使用問卷外無法確定的基本資訊。
◆ 為了評鑑一個介入方案的影響力，尤其是當它並不適合使用其他方法來獲得回饋時。

你可能也希望使用問卷調查來介紹一些特殊的想法給特定的讀者。遭受欺負的例子，說明問卷調查可被用於為新的想法鋪路。

一些初步的指標

◆ 明確說明為什麼你需要這些資訊。對你的方案來說是必要的嗎？
◆ 如果你已經知道答案，就不需要使用問卷。
◆ 如果你可以從其他地方獲得資訊，就絕對不要問那些問題。當人們被要求在問卷上回答太多問題時，他們就不會將問卷寄還給研究者。

◆ 如果它是需要郵寄的調查問卷，你負擔得起郵費嗎？記住你可能還必須再寄出提醒他們寄還問卷的信函。

◆ 假如你想使你的抽樣具有代表性，你必須去閱讀有關抽樣程序的專門書籍。

◆ 你是否需要取得進入管道，以接觸你想要詢問問題的人？你已獲得必要的許可了嗎？

◆ 假如你有意寄發一份問卷給工作上的同事，你是否確定問卷調查是獲得你所要答案的最好方式？

編製問卷

Collingwood (1939) 說過世界上並不存在「真正的」答案 (true answers)，而只有能讓對話具有開放性的「恰當的」答案 (appropriate answers)。問卷亦然。世界上並不存在「正確的」問題 (correct questions)，而只有「恰當的」問題 (appropriate questions)，其答案可使事情有進一步的發展。

總是會有人問：「這個問題恰當嗎？它是否能提供我所需要的回饋，讓我的思考能有進一步的發展？」

封閉性問題 (closed questions) 可能太狹隘，且預先設定了不能使你的思考繼續發展的答案。封閉

性問題有一個限制的格式，例如在一個包含預先設定答案的方框中做記號。它們的優點是能在較少的空間中作答，且答案容易以圖表來顯示。它的限制則是你將無法獲得在你所設定範圍之外的任何答案。

開放性問題（open questions）是較好的，能允許應答者去表達較寬廣範圍的想法。一個典型的開放性問題是「對於......你有什麼想法？」，此類開放性問題的答案需要較多的空間才能完整表達。此外，你也將發現這些開放性問題在分析時會耗費較多的時間，因為它們所提供的想法通常會相當不同且多采多姿。雖然如此，開放性問題有時也會限定了一些可能性，尤其在對所能給予的答案設定了一個界限時。

問卷的建構或編製是一件相當技術性的事，如果你想要發展出一份良好的問卷，首先必須閱讀有關編製問卷較為有名的書籍。然後，建議你先對一些朋友做測試，以確保你的問題是有意義且可理解的。其次你需找一些熟悉你所欲探究情境的受試者，來進行預試。切記要將問題和預試結果呈現給你的督導（如果有的話）和你的批判的諍友們看，討論問卷在建構和實施上的優缺得失。一份問卷不可以預試太多次。記住，進行問卷調查是危險的，如果運用不當甚至可能摧毀研究的背景脈絡。

實施問卷的步驟

◆ 決定你需要發現哪些資訊。編製你的問卷或使用一份已預試過的問卷，將完成問卷所需之說明放在問卷的最上方。

◆ 要彬彬有禮，邀請你的參與者的協助。在問卷的最後，表達對參與者的感謝。擬定一個你將會告知他們問卷結果的聲明，如果他們想要知道結果的話。

◆ 擬定一套明確的策略來處理保密性的問題，並向你的應答者說明保密問題。

◆ 清晰地書寫和繕打你的問卷。要保留足夠的空間讓應答者可輕易地填寫。清楚地編碼或者註解問卷的題項。使用好品質的紙張，並留意問卷內容和外觀等諸多細節。

◆ 如果你影印問卷，要確定你的影本是清晰且易讀的。

◆ 對一些人進行問卷的預試，並邀請他們對問卷提出批評。嘗試去分析那些回應，看看是否能提供你所要的資料。

◆ 進行問卷調查。讓你的應答者知道必須完成且交回問卷的明確時間。在問卷上標明你希望他們何時能交回問卷。假如你需要他們將問卷寄回給你，請提供回郵信封。

（參見McNiff and Stanley, 1994）

訪談

　　訪談（interviews）可以用於許多不同的研究情境脈絡中，當然也可用於行動研究的設計中。然而，在行動研究中，基於協同合作的原則，當研究者努力影響受訪者以使之成為協同合作者時，訪談很可能會變成非正式的討論。

　　如果行動研究者需要建立一些資訊或評鑑結果，則使用較正式的訪談是必要的，有些類似於我們曾在問卷調查中所介紹的方法。

　　訪談有一個比問卷調查更清楚的優點，那就是你能進行更深入的探問，故可以獲得更豐富的回饋。

　　訪談的範圍從完全結構性到非常開放性，其間存在著許多的差異。

- ◆ 一次完全結構的訪談（fully structured interview）實際上是面對面實施問卷。訪談者必須按照訪談表上所訂定的問題序列，以相同的順序、相同的傳達方式，一字不差地詢問受訪者相同的問題。
- ◆ 一次開放式的訪談（open interview）將會有一個起始點和一個目標，但並沒有設定問題的議程。只要所詢問的問題仍在一般架構之內，

訪談者可以自由地跟隨著受訪者的引導來作開放性地探問。

選擇使用開放式和封閉式訪談必須視其使用目的來決定。如果訪談是為了評鑑的目的，可能更需要以結構式來進行；如果是為了探究研究者所不熟悉的情境脈絡，則訪談最好是開放式的。

進行訪談的指導方針

◆ 你應該以不干擾（unobtrusively）現場的方式來記錄訪談過程。本章一開始即提供以文件記錄資料的程序，假如情境適合的話就可加以利用。例如使用筆記本、錄音帶與錄影帶來作記錄等，但務必要讓你的受訪者知道你正在如此做。

◆ 你應該明白有關訪談的倫理，其倫理守則和所有研究形式一樣。

◆ 告訴你的受訪者此次訪談大約的狀況，或告訴他們你無法做的事。

◆ 不要為了得到資訊而誤導或欺騙他們。

◆ 準備好要做到完全的保密，如果這是必要的話。

◆ 你應該發展傾聽的技巧。積極的傾聽（active listening）包括控制你的肢體語言，來傳達

你對他們所說的話有興趣並認為這些話有價值的訊息。

◆ 你需要提供語言線索（verbal cues），以鼓勵你的受訪者自由地談話。

◆ 為了協助受訪者維持其談話的流暢性，你需要重述受訪者所說過的話。舉例來說，你可以說：「現在，就我所了解，你說你曾是在學校中被欺負的受害者。」

◆ 你需要對應答者的境況和立場表示同理（empathy），以促使他們詳述所說的事。

◆ 你必須能夠接受沈默（accept silence），因為沈默是重要的空檔，讓說話者可凝聚其思想或是鼓足其勇氣。

◆ 演練一些結構化問題（framing questions），以有助於保持會談的持續進行。例如：

澄清式問題（clarifying questions）可用以澄清說話者已說過的事：「請問我可以核對一下嗎？」

探問式問題（probing questions）可用以探索一個說話者已提出的議題：「我們可以更深入的討論嗎？」

特定脈絡的問題（context-specific questions）可用以檢核（1）受訪者是自在地談論這個問題：「我們可以談論這個問題嗎？」；或是（2）受訪者了解這個問題：「我可以請你用你的話來敘述這個問題嗎？」；或是（3）受訪者對你的所說的感到舒服：「我所說的都正確嗎？」（see McNiff and Stanley, 1994）

攝影、錄音和錄影

攝影

　　在行動研究中，攝影（photography）是一種愈來愈受歡迎的方法。它明顯的用途是用來記錄行動，但亦可被用來當作是監督和評鑑策略的一部分。Rob Walker（1993）在其論文「應用攝影於評鑑和研究中」說明他的想法是：「在研究或評鑑中使用攝影，可將之作為一種工作的方式，而不只是一種圖示的工具」。

　　這裡提供一些如何應用攝影於行動研究中的想法：

◆ 相片可以呈現時間的變化。舉例來說，有一位小學校長曾為了建立一套以學童為中心的課程方案，和老師一起合作，在為期六個月的時間中，對六個班級的「數學角落」進行攝影。所獲得的相片呈現出學童在參與數學活動中發生的顯著改變。

◆ 相片可以呈現兒童在活動中的參與品質。
Hannon（1996: 109-120） 曾對住院接受治療
的兒童們攝影，來呈現她所設計的科學盒子中
之教材是否能激發兒童把玩的興趣。

◆ 相片可以用來刺激回憶。舉例來說，相片已被
用來讓兒童和教師們談論他們的經驗。這個技
術亦可用於訪談情境中來刺激記憶。

◆ 相片可以用來作為顯示一個事件已經發生之證
據。

◆ 相片可用在自我學習，當成解構個人記憶的焦
點。

◆ 我們可以使用一個相同事件的不同相片，去刺
激受訪者談論有關他們所看到的，而不是他們
被期待看到的。

錄音

對行動研究者而言，錄音機可能是最受歡迎的一
項設備。我們建議你為自己購買一部小型錄音機，並
且隨身攜帶。使用錄音機與使用相片來記錄資料一樣
都非常有用，此外它還有其他優點，如它可被當成
「會說話的日誌」，或是作為收錄有關你的研究之非正
式會談和討論的一種方式，以便日後能加以編輯或製
作觀察圖表。

有時候，使用錄音記錄意味著日後你必須謄寫逐字稿。這是一個非常漫長的過程，因此只有在你非常確定這是處理資料的最佳方式時，你才須進行。一份呈現整個會談的逐字稿，有助於你掌握會談的整體意義，但經常只需在報告中節錄或選取其中的部分資料即可。處理此類資料的方法之一，是使用卡帶計數器，並在一些間隔中標述出卡帶的內容。那麼，你只需要謄寫你希望去引用的那些部份即可。

　　然而，錄音帶上的資料並不只是用來增加書面報告的內容而已，你必須不只一次的地聆聽你的錄音帶，省思和評鑑這個已被記錄的行動。你也可能想要呈現部分錄音資料讓批判的諍友聆聽。這些在監督的過程是很重要的，因此透過嚴謹記錄的錄音材料在研究上具有多重的用途。

錄影

　　「透過錄影記錄，使我們能夠貼近地傾聽和省視社會生活的不同版本，是其他方式所不能提供的」(Hugh Mehan, 1993:103)。因為錄影記錄如此接近真實，就好像錄影帶中呈現的社會生活近在眼前。

　　錄影帶同時收錄了非語言和語言的訊息，可使用於大部分適用攝影和錄音的場合，但它可能比攝影和錄音兩種方法更為優越，可同時收錄個人和團體二者

的行為改變。還有一個額外的優點，就是你在自己的
實務工作中架設好錄影機，錄下你自己的行動過程。
這樣做常常會自己恍然大悟自己本身的矛盾。

　　讀完本章之後，現在你應該對可用來蒐集資料
的多項技術，有了一些好的構想。雖然如此，請
記住在行動研究中，這些技術應該在前一章所述
的監督行動過程中運作，並且應該是你尋求改善
實務工作的工具。

Chapter 6
知識的宣稱和檢證

何謂知識的宣稱？

在第一章中，我們提到所有研究的進行都以增進知識（advancing knowledge）為目標。在從事研究中，你致力於創造新的知識；當你將研究結果呈現於他人面前時，你正述說著你已經達成了這個目標。

知識可以數種不同形式來呈現。

新的意義

研究的社會意涵是去改善你所處的特殊情境。改善的發生可能來自於你或其他人改變了對你所做之事的理解。由於你採取協同合作的方式，所以你必須對彼此澄清這對你和你的工作的意義是什麼；透過你們在實務工作上共享的經驗，你們可以去協商和建構你自己意義。以此方式，你可以增進個人的和集體的知識。

彰顯出潛隱的知識

人們擁有豐富但深藏不露的潛隱知識（tacit knowledge），可見諸於許多方面：例如我們會知道自己很冷，進而穿上毛線衣；在別人說話之前，就知道他們將要說些什麼。潛隱的知識是我們非常強而有力的內在資源。舉Nonaka and Takeuchi（1995）的例子來說，顯示在一個組織機構中，可藉由鼓勵人們分享其潛隱的知識，然後致力於促使此一潛隱的知識逐漸地更加彰顯，而改善人們在組織中的關係和生產力。人們首先須分享其個人所持的價值觀，才能找到他們可以活出自己價值的方式來。

這是你在研究中所進行的。在個人的層次上，你確認了一個需要改善的情境，致力於去釐清你對那個領域的理解———使你的潛隱知識更為彰顯。你和其他人協同合作，在意識層次上分享你們的價值觀，提昇了你們集體的潛隱知識。當你為行動提供一個理由，你即能去展現你的績效責任，以及這些行動背後支撐的道德立諾—將實務（practice）轉型為實踐（praxis）。

對較寬廣的知識體系有所貢獻

　　傳統研究的特徵是可複證性 (replicability) 和可類推性 (generalizability)。假如其他人可以做相同的研究且獲得相同的結果，而且假如研究方法及其發現可被類推到所有相似的情境中，研究即被視為具有良好的品質。這意味著研究者可以預測未來情境中可能產生的結果，也可藉由操弄變項來控制情境。

　　然而這些標準對行動研究而言並不適當，行動研究並不是科學典範的一部分，它不可能也不願意以複證及類推為目標。行動研究的目標是去理解 (understand) 而非去預測 (predict)；去解放 (liberate) 而非去控制 (control)。行動研究者做研究是為了自己，而非為了別人；與他人一起做研究，則是為了去了解和改善其社會實務。行動研究者提供其自身對情境改善的理解來作為研究結果，他們以協同合作─而非競爭─的方式，來分享這些故事。這些分享的學習，導致了集體知識的建構。

　　傳統的研究有一個以可複證性和可類推性為基石所建立的知識體系，行動研究則有一個由個案研究所構成的知識體系。在行動研究中，人們向他人述說自己的故事，而這些他人再將原先聽來的故事重新整合為自己的故事 (Connelly and Clandinin,1990)。個別故事的累積展現了一個集體學習文化 (a culture of collective learning)。

然而，這並不是一個團體思考的文化，而是一個由獨立思考者（independent thinkers）共同締造的文化，每一個人都願意提出個人對知識的宣稱，留給他人評斷，以確保此宣稱是健全且合理的。有時行動研究會被批評為在方法論上放棄了個人的責任。事實上並非如此。行動研究需要智性的獨立、誠實和責任，而其確保獨立、誠實和責任的方法，則是堅持其對知識的宣稱應由最嚴謹的標準來加以檢證。

總結性和形成性評鑑

　　當你的研究問題是詢問：「我如何可以改善...？」時，你的研究應顯示你如何「由此到彼移動」的過程（Bennett et al. 1994）。

　　我們已瞭解到行動研究係以循環的方式來操作，每一個循環都萌生一些問題以利下一個循環去處理。每一個循環所遵循的組型包括：議題的確認、想像問題的解決方法、解決方法的實施、證據的蒐集、解決方法的評鑑、修正實務工作等。雖然如此，如我們之前所討論過的，實際上行動研究過程絕非如此有條不紊。為了完成你的方案，你可能只想要進行一個循環，或者你可以將這個循環發展成為好幾個循環。

　　在每一個循環之中，你應該以進度報告的形式做出即時的宣稱，並且呈現可支持宣稱的證據。這些報

告將構成你的形成性評鑑（formative evaluation）—持續進行的評鑑—以檢核你的研究是否朝著回答你所界定之研究問題的方向邁進。在每一個循環的終點，則應該提供總結性評鑑（summative evaluation）的陳述，以顯示你已回答了你的研究問題（至少是部分的問題）。如果你的整個方案綜合了數個循環，在研究的某些策略性時刻，你應該致力去製作持續性的進度報告（形成性評鑑的陳述）。第一個循環的總結性評鑑，可變成第二個循環的起始點，讓整個方案歷程的循環連結得天衣無縫，且持續轉換變動。

檢證的過程

　　提出一個你已獲致改善的宣稱，並且提供支持的證據，可以是直接了當的。但是除非其他人也同意你的宣稱，否則你的研究將無法被視為是可信的。你必須向其他人呈現你的工作，並且尋求他們同意你；或者，如果他們不同意，詢問為什麼不同意，以及你可做些什麼來進行必要的調整，不管是針對你的實務工作或是你的報告（例如：包含更多的證據，或不同性質的證據）。

檢證的形式

這裡提供一些不同的檢證形式（參見McNiff，1988）：

自我檢證（self-validation）

作為一個負責任的實務工作者，你可以對自己設定要做並且已經完成的事感到滿意嗎？你可以呈現出已經完成一份有系統性的探究，以幫助你比以往更有效率地落實你的價值觀嗎？對於你自己的專業學習，你可以提供一個合理的說明嗎？

同儕檢證（peer validation）

你可以說服一個同儕團體嚴謹地看待你所提出的對知識的宣稱嗎？他們是否同意你在實務工作上的表現是負責任且優異的？你可以提供明確的標準，以評量你的工作，並且提出你符合這些標準的明確證據嗎？

上級檢證（up-line validation）

你可以向主管和當權者展現你已介入並改善了你的實務工作，而且你的工作方式可以納入組織的發展計畫中？

當事人檢證（client validation）

當你所支持的人們同意你所採取的行動，你的介入是否能幫助他們獲得更好的生活品質？

學術界的檢證（academic validation）

這是由學術社群（academic community）依據其是否同意你已對被認可的知識體系做出貢獻，來檢證你的宣稱。許多人所參與的課程最後會獲得學位授予，則更須將你的工作提交不同形式的檢驗。

一般大眾（the general public）

無論是在組織機構或一般情境中，你最後的檢證團體將是廣大的讀者群。公開發表研究成果是我們在下一章所要討論的主題，我們將處理諸如出版和以特殊形式發行的問題。你的作品要被大眾接受，可能還要花上一段時間，但對於什麼才是好作品的想法，則

會逐漸趨於成熟。它可能是與政治有關的議題，也可能成為典範和社會運動的案例，甚至可能是誰會領導流行擁有一群愛慕追求者的瑣碎層次。無論如何，觀念的檢驗並不在個人，而是在觀念的耐久性，以及它們如何為促進人類的更好生活服務。個人可能被遺忘，但好的觀念則會延續到其他人的生活中。

檢證團體

在行動研究脈絡中，檢證通常指涉將你的研究提交給其他相關人士團體做評斷。這個檢證團體可由以上所列的任何一個成員所組成，並且可能在團體的大小與正式組織上呈現多樣化。

一個檢證團體最好是由能對這個研究表示同理的人所組成，但是他們必須能夠提供批判性的回饋。在此可能會出現一個兩難困境，即在維護研究者所浮現的思考的同時，還要提供批判性回饋，以促使研究者向前思考（Lomax,1994a:24）。你完全不必要邀請對你具有敵意或對你的研究漠不關心的人加入檢證團體；然而，你需要建立具有批判性的觀察者團體，以避免流於可能的共謀。你的工作必須奠基在其自身的優勢之上，因此如你能邀請一些不屬於你團體的局外人，他們較能夠以嚴謹且批判的眼光來省視你的工作。

在研究的一開始就確認你希望哪些人能成為你檢證團體的成員，並且邀請他們參與，是很有幫助的，雖然常常無法如願。確認檢證團體的大小，對所需要完成的工作很有助益。團體成員的數目通常是四或五人，最好不要多於十人。理想上，你需要在整個方案執行期間維持相同的團體成員，以使他們能夠經由比較和對照重要事件，而對你方案的進展情況做出評論。提供團體一張列有你希望他們和你一起聚會的日程表：可能是每兩個月一次。聚會時間間隔是依據你的情境和意願及團體成員的空閒時間而定。如果他們在同一機構工作，一起聚會當然是非常容易的事；但如果成員必須長途跋涉，則召開會議就比較困難，而轉送計畫也需謹慎為之。

　　最後的檢證行動應該針對整體的報告（總結性評鑑）以及所有的證據，由團體來確認你對知識的宣稱是否有效—亦即，如果這個研究是有效的，知識就可被納入較寬廣的知識體系中，導引著他人的行動。

　　有時候檢證的過程是正式學位學程中的一部份，例如研究所之碩士學程。在此背景脈絡下，行動研究者會獲得有關檢證團體之組成、所應呈現之素材、評斷標準和形式等一些特別指導。本章最後的簡表就是應用於此一特定背景脈絡下的例子。

　　如何進行檢證會議則由你自己來決定。你可以指定一位中立的主持人，或由你自己來引導會議，或是邀請團體的一位成員來做此事。在會議中，你應該去

實行的基本原則有：（1）製作一個進度報告（最後一次則是成果報告），詳細說明已經達成的是什麼，有哪些部份特別出色；（2）組織證據以支持你在報告中所作的宣稱；以及（3）提供你自己對工作的批判性分析，例如使證據能符合你的宣稱，或尋求有關工作的建議。

達成共識

當每一個人都同意你的觀點時，無疑是愉快的（但也是令人驚訝的）。其實，你不必力求他人一定要達成共識。我們都有權表達和別人不同的觀點，這是一個差異可以共存的健康社會。

你所尋求的是提供你所宣稱你已完成之事的確證，同時也尋求獲得有關你的介入是否已導致改善的回饋。如果你的參與者沒有這種感覺，你需期待他們能提供你還可嘗試做些什麼的建議。

需要多少人的同意才表示你的研究是有效的呢？這可由檢證團體透過對其作為評鑑者之責任的討論，及對你的工作的討論，而建立起一定的程序和標準。

如果沒有人同意你的宣稱，那會如何呢？你將需認真地去省思他們說了些什麼，並且以可能產生新洞察的方式來重新呈現你的證據。然而，如果你的立場

堅定，你必須記得你有潛在的可能性去影響他人的生活，所以你要對你的行動負責。你要很誠實地面對自己是否將他人的最大利益放在心上，因為你的行動絕非只為自己服務而已。否則，我們都會為此感到罪惡感。

假使你的檢證團體同意你已做到你所宣稱的，而且證實你對知識的宣稱是有效的，你就可以自信地朝向你所選擇的方向繼續邁進。這表示你的工作已經得起批判性的檢驗，並且達成了你所預定的目標。

下頁是由Pam在Kingston大學碩士學程中製作的檢證會議之簡報資料。

簡 報 表

目的

　　檢證會議（validating meeting）的目的，是為了讓行動研究者藉由向一個同理但具有批判性的讀者群呈現證據，來檢核其對專業實務中可管理的改變所做出的宣稱。一個成功的會議結果，應該是讓研究者對研究有更充分的了解，且對其發展方向有更明確的想法。

檢證團體的角色

　　檢證團體應該包括：

◆ 指導教授。
◆ 支持的成員。
◆ 一或數個批判的諍友。
◆ 一或數個來自其他背景的獨立人士。

　　（應開放少數機會讓一年級研究生去旁聽這個會議。課程指導者也可以參加一些會議。）
　　檢證者應該在會議之前即先取得簡短的報告，以獲得相關資訊。他們的角色是仔細地省視證據，傾聽研究者的說明，藉由詢問來探查，並評鑑與宣稱有關的證據。他們的角色是同理的評論者，而不是無條件的支持者！

準備會議

　　在團體進行檢證之前，研究者須先獲得指導教授的同意。指導教授負責檢核研究者所做的宣稱是否充分且明確，具有足以成為一份碩士階段論文的水準。

　　檢證會議日期的選定應該與指導教授商議，並且將日期、時間與地點張貼在公佈欄上。

　　應該為檢證團體準備一份包含研究目的與情境的簡短報告（1-2頁），並且在會議前一天送交給他們。它可以是原有的研究計畫形式—例如：

◆ 我所關注的是什麼？
◆ 我關注的理由是什麼？
◆ 我為它做了什麼？
◆ 結果是什麼？

　　它應該包括一張列舉出所做宣稱的表單。

　　用來支持宣稱的證據應該在會議中呈現，因此，應等到研究者有充分證據支持宣稱時才召開會議。

會議

　　會議應持續約一個小時。研究者應該仔細地記錄會議的內容。錄音是很有用的。在檢證會議中的說明應該放進論文中當成附錄。

評量

　　檢證會議和所伴隨的文件記錄是評量過程（assessment process）的一部分。

◆ 研究者為了能夠進行研究的下一階段，應使檢證團體對哪些已被證據支持的宣稱和現有的研究方向感到滿意。如果檢證團體建議研究者去遵循一個特別的行動流程，應該在檢證記錄上明確且具體的指示。

◆ 當宣稱無法被已有的證據所支持，但研究者正致力於彌合此一鴻溝，研究者雖仍可繼續研究，唯其仍被期待要去符合檢證團體所設定的條件。這些條件必須明確具體的指示在檢證記錄中。當環境改變，而條件不再是適當的，研究者必須獲得指導教授的同意以變更方向，這也必須記錄在檢證記錄上。

◆ 當研究者不能提出支持宣稱的證據，或者宣稱本身需要較大的修正時，研究便不能繼續發展，但仍需重複進行一次檢證的程序。

　　在檢證會議的最後，應該要完成檢證記錄且由所有團體成員簽名。指導教授應該確保研究者擁有一份記錄影本，以納入碩士論文中。而課程指導者也應擁有一份記錄影本和其他文件，以利評量。

判斷的準則

要對好品質做出判斷（making judgements）可能是有問題的，因為這個所謂「好」（good）的概念要依據以下的問題思考：

◆ 誰來做判斷？
◆ 用來做判斷的準則（criteria）為何？
◆ 人們所使用的判斷標準（standards）是什麼？
◆ 誰可以決定誰有權來做判斷？

首先，讓我們來看準則這個議題。準則是事物被判斷的符號。人們根據他們所認為是「好的」來設定準則，那也是他們的價值觀。故準則隨著設定它們的人而變化。工廠經理所設定的準則可能相當不同於父母，或高等教育機構的大學講師。這些人可能依序將工作經驗之價值判斷為（1）提升生產力的價值，（2）導向生活技能的廣泛經驗，或者（3）提供一個在正式學校教育之外的替代經驗。

人們做判斷的方式，以及他們所做的判斷種類，則受他們所使用的判斷標準所影響。這些也因不同團體的人而有所不同。工廠經理可能使用其判斷標準去處理市場哲學；父母是以與重要生活技能的相關性來

做決定；大學講師則使用多元化教育經驗的價值作為判斷的基礎。我們所設定的判斷標準受到我們所持的價值觀影響。

如果你希望你的工作順利成功，你需要明白這些議題，以及與其相關的遊戲規則。

假如你正在做的研究並不以公開呈現研究結果為目標，基本上你仍然可以做你喜歡做的，但它將不符合我們所討論過的研究的主要特徵是有系統的探究需公開發表的主張。如果它要成為研究，它必須是可被公開檢核的，不過這並不意味著它必須在學術社群中發表而被以學術的準則來判斷。在學術的背景脈絡中，你需要對知識作宣稱，而且將此一宣稱呈現於批判性社群加以檢證。因此，如果你的行動研究是學位授予學程的一部份，那麼你必須遵守學術社群所建立的規則。當你玩足球時，你卻遵循橄欖球的遊戲規則，可說是毫無意義的。簡單地說，如果你想要得到學位，你必須遵守學術社群的遊戲規則。

很多人覺得這種情況是不公平的。這些難題是：

◆ 如果你的工作是學位授予課程的一部份，用以判斷其良窳的經常是報告的品質，而不是報告所描述的實務工作品質。為了顯現實務工作上的改善，遵循報告寫作的固定模式，經常是重要的。

◆ 你的工作經常會被審查者以其先前所設定的準則來作判斷，而不是與實務工作者協商過

的準則。因此，對工作的判斷可能相當不同
於實務工作者本身的意圖。

◆ 有時候，你的工作是由一些持有一套與你的
價值觀非常不同的人所評斷。審查人可能正
尋求社會情境的改善，認為這是所謂的研究
的使用價值；然而，實務工作者可能只是致
力於促進個人的理解，僅對他個人具有相當
重要的意義。

◆ 工作可被以不同的判斷標準來評價。審查人
可能使用學術標準來判斷報告中的技術性是
否卓越；而實務工作者則可能使用人性的標
準來評斷其工作是否對人類更好的生活有所
貢獻。

目前在學術脈絡中有一個主要的發展趨勢，就是
鼓勵學生去協商其行動準則與判斷標準。舉例來說，
Pam Lomax和她的同事，提出支持實務工作者協商其
行動準則的一些好處，但同時也承認如報告是為了學
位授予的目的時，將會產生一些困難
(Lomax,1994c)。

以下的表格，是Pam在Kingston大學所提出
的判斷研究之意圖和理論基礎的準則。

判斷行動研究的準則

意　圖	理論基礎	判斷準則
行動研究乃是關注實務工作中所需要的改變。 其主要的研究問題形式是：「我如何改善我的實務工作？」 如同尋找這問題的答案，你將努力去探索問題本身的意義。	解釋為什麼你的關注與你的專業相關且是重要的，足以促使你參與和投入於你的工作中。 你所持的理論基礎，將揭露你個人的/專業的價值觀，包括教育政策上的模糊曖昧和矛盾扞格。	◆ 所解釋的研究脈絡。 ◆ 所揭露的研究問題。 ◆ 所提供的理論基礎。

階　段　二

計　畫	策　略	判斷準則
將最初的意圖轉換為可管理的計畫。從小處著手。 你必須在你的行動和為行動而發展的策略之間，建立一個清楚的聯結。 你必須學習從你的實務工作中退出來，以行動研究者的觀點來省視。	你應該從擬定一個明確的行動計畫開始，包括「想像的解決方法」。 隨著研究的進行，你應該準備好去修正這個計畫。這個使意圖更為釐清的過程應被記錄和彰顯出來。 你應該去確認你的實務工作中有哪些與你所持的價值觀相矛盾。	◆ 在省思和行動之間建立聯結。 ◆ 使研究的過程透明公開。 ◆ 在實務工作中表現所持個人之價值觀。

階　段　三

合作的意圖	你自己的角色	判斷準則
讓同事參與成為協同研究者，而不是研究的對象。 鼓勵同事分享其作為行動研究者的教育經驗。 使你的同事成為你的批判的諍友，並請求批判性的回饋。 當同事已準備好主導行動時，你需準備放棄行動的主導權。	保持開放。行動研究的尊嚴取決於避免去操弄他人。 你需要準備好去「冒險」，並可能也會讓別人去冒險。 你需考慮別人所扮演的角色，以及建立明確的倫理守則，來掌握你的研究。	◆ 使用研究角色透明公開。 ◆ 實現合作的意圖。 ◆ 發展和應用的研究倫理。

知識的宣稱和檢證

Making claims to knowledge and validating them

行動	分析	判斷準則
你應清楚地描述所採取的行動，包括事件間的關係和事件本身。 持續地監督行動過程。蒐集多樣化的資料。你需要擷取對同一事件的許多觀點，以獲得一個較綜合的描述。 你需要資料以作進一步的省思，和證據以鑑定研究的真確性。	為了鑑識行動，你需要細究這些資料並確認資料的組型和主題。這些組型和主題是從你所描述之事件中發展出理論的「綠色嫩芽」。 你需要解釋你如何將資料分類，以及還有哪些可分類資料的方式。	◆ 所蒐集的綜合性資料。 ◆ 不同資料來源的對照。 ◆ 組型和矛盾扞格的鑑別。 ◆ 可受公評的分析。 ◆ 可考慮的選替方式，使研究角色透明公開。

階　段　五

評鑑	檢證宣稱	判斷準則
結果是否顯著？為了誰和為什麼？你喜歡此一結果嗎？	對於你宣稱知道的事，你發現了其假定和矛盾嗎？	◆ 宣稱的重要性。
已獲致實務上的改變嗎？可以被證立為教育的改變嗎？	支持你的分析和解釋的證據是否充分且適當？	◆ 解釋的說服力和真確性。
你是否已促進個人的專業發展？	對你的同事們而言，你的宣稱是否「真實可靠」？	◆ 與重要專業討論有關的個人發現。
作為實務工作者的行動研究，是否嚴守研究倫理？	你是否能在一個重要的專業辯論中提出你的發現？	◆ 所產生的進一步問題。

報告	公開彰顯	判斷準則
誰將閱讀你的報告？你是否了解用來判斷報告的標準？ 你是否遵循呈現報告的指導原則？ 你的論述簡潔且面面俱到的嗎？ 依時間順序的論述是有用的，但「將情境帶入生活」也是重要的。 報告的風格和語言對讀者是否適當？	你是否已澄清你報告的目的？你的身份以及你的研究是關於什麼？ 你的論述是否達到階段1-5所列示的高標準？ 你是否已做出結論，並就結論和其他來源進行批判式的對話？ 你是否已給予讀者足夠的資訊，去遵循引導並檢核你的資訊？	◆ 報告有清楚的參考架構，組織良好且使用最少的專有名詞。 ◆ 報告呈現一個簡潔但面面俱到的論述，說明了研究的優點和限制。 ◆ 能詳加說明研究意含，並與其他資訊來源進行批判性的評鑑。 ◆ 報告能為讀者提供充足的資訊，使讀者能繼續探究有興趣的問題。

適法性的議題

　　在人類互動的一些領域中，總有些說話者和被聆聽者。然而，到底由誰來決定誰應該說話和誰應該被聽，以及誰同意他們有權去做此類的決定，毋寧是有趣的。這些是困難的議題，而且通常需藉由訴諸權力來解決。有權力的人設定了規則，他們投票讓自己進入權力中，因此他們也成為規則訂定過程中的把關者。如此牢固控制的文化是非常難以打破的。

　　此類文化在社會中很容易可以發現，從被有線電視台所壟斷的電視娛樂，到被政策訂定者所控制的有效知識皆然。通常這是一個在運作中掌握霸權的過程，引導人們去相信事情就應該是這樣進行，只因為事情本來就該如此發生。這是一種非常微妙的控制方式；人們被輕鬆的思考方式所蠱惑，被與當權者分享權力的美夢所誘惑，而無法再去批判和挑戰誰可決定誰應優先掌握權力的整個歷程（McNiff，1955,1966）。

　　在將你的研究提交給檢證團體之前，請先檢核你的讀者和他們的期待。澄清怎樣的判斷準則和標準將被用來判斷你的研究，檢核你是否有權去協商這些準則。如果沒有，你所能做的就很少了，除非等到你掌

握某些權力，你就可以更民主式的評量方式來工作。假使你有能力去進行協商，你就能夠為自己設定準則以及可應用的表徵形式，去證立為什麼你會選擇一種不同於傳統的報導形式，而此一形式對於你試圖呈現的資料而言是更為恰當的。根據研究方案，你也需致力於為你的工作應如何被評量設定相關的準則—是否呈現行動進展？是否呈現批判性省思的發展？—以及向你的審查者提供關於他們應如何審核你的工作的建議—特定的成果指標、或者標示行動發展的重要事件。

本書呈現的有些想法可能不被許多學術界人士所接受。我們在撰寫本書時所抱持的價值觀，是每個人都有權利為促進人類更好的生活做出一些貢獻，而這些貢獻是非常有價值的。我們頌揚求知方法的多樣性，不將特權賦予已被權力結構所鞏固的特定知識形式。

在此系列的第二冊（Lomax et al.,1996）中包含一些個案研究實例，藉由這些實例，我們探討了我們用來判斷研究之良窳的準則與標準。這些個案研究以及我們與其作者的對話，都表現出我們正努力活出我們作為提供者、諮詢者和支持者的價值，並促使他們也能夠這樣做。在這本書中，我們已致力去提供合理的證立理由，以擁護這些價值，我們希望展現出為自己負責的態度。我們並不要求你採取和我們相同的價

值觀，只是要提醒你，如果你決定逆流而泅、逆勢操作，事件可能就不會順心如意。（Whitehead,1993）

在你研究生涯的此一階段，我們的建議是去覺察到這個風險。你必須有些策略可以運用。如果你選擇要去奮戰，記得要先選擇你的戰場，並且確定你擁有強大的盟友，譬如一位確定會支持你和使你完成學位的指導教授。維護你的權利，並尋求他人的支持。

Chapter 7
發展行動研究成果：
創作生活理論

本章討論當撰寫你的行動研究報告時，需要具備些什麼。

本章所涵蓋的各節是：

一·與他人分享你的研究

二·將生活理論貢獻至教育實務知識論

三·表澂行動研究的方式

四·撰寫報告

五、出版研究報告

許多研究者看到「公開發表」（going public）的字眼，想像他們必須將研究報告投遞到學術期刊上發表，就感到膽戰心寒。事實上，當你進行一個研究，能與其他人—如你的批判的諍朋友或檢證團體—來分享，也許就足夠了。這個階段的目的是去邀請他人對你的研究提出批評，以使研究可以在公開討論會上被認為具有可信度，並且你所做的宣稱能被認可為有效的。或者，你可能希望提交你的研究報告，以取得先前學習的憑證，或作為進階專業發展學程的行動研究作業，或作為碩士學程的碩士論文。本章建議你一些可行的作法。

 ## 與他人分享你的研究

我們之前已評論過行動研究的社會和教育價值，在於分享個案研究的素材，以使人們可以從他人的例子中學習。就研究主題和研究過程這兩者而言，這是確實的。

與機構中的人分享

可與你分享研究的人，最明顯的就是你機構中的人。他們早已知道—而且你也確有必要讓他們知道—

你正在進行研究。從壞處來想，是基於禮貌，且為了避免被他們當成你正在做些「不尋常」的事；從好處來想，則可讓他們了解你所進行之事的價值，且更希望他們也可以從你所做的研究中獲得學習。甚至他們也可能因此被說服去從事他們自己的行動研究。

　　與你的校長或主管協商如何使你的研究可在機構中被其他人所取得。或許你可以準備一份期末成果報告的影本供人取閱，或是你可要求在教職員工會議中作口頭報告，或用輪流傳閱的方式來傳送。如果這對你而言都太費事，那麼請求你的主管公開宣示你的研究成果將讓任何有興趣的人來取閱，他們就會找你索取一份影本。對你的研究保持開放，專業學習已被認為是實務工作的一部份，並沒有任何神秘性可言。

　　行動研究者常常會發現他們在機構中掀起一股合作學習的新風氣，特別是當他們可以顯示出其研究對改善機構生活的品質具有相關性時。在一個機構中，發現同事間彼此聯繫的網絡關係是很常見的，在個人和團體的方案中一起協同合作（例如，Hewitt,1994;O'Sullivan,1994）。校長通常會以提供經費資助或減少工作時數的方式，來支持能改善組織機構的研究。此一研究社群可在工作場所建立起一種聯合領導的真實氣氛，將使學生和當事人受益良多。

與機構外的人分享

　　讓機構較外圍的其他人知道有關你的研究—教育局局長、地區委員會或分部的主管、專業繼續教育的主任等。寄給他們一份報告的影本，並且表明你樂意和他們談論你的研究。這些機構通常都有其聯繫網絡（network），特別是一些特殊興趣的團體。這些團體的會費並不昂貴，並且他們常有自己的通訊和電子通信網路，有時也籌辦自己的會議。比起大機構來，在這些組織中反而比較有機會接近一些重要的人物。

　　如果你無法成為現有聯繫網絡中的一員，那麼先籌組一個網絡。這是很容易的。你可以從籌組一個座談會開始（可能必須向某個能表示同理的主管去要到一個房間，因為在這個階段你並不想租借設備）。努力製作一份通訊，讓其他人也能參與並有所貢獻（要瞭解這牽涉到向人催稿，因此你需要不屈不撓的精神和良好的幽默感，以及好的眼光。）。

　　尋找機會與較大的社群分享你的研究。它可以是本地的、市區的或是地區的教育中心，或是首長的辦公室。與這些機構的主管們保持聯繫，並且請求他們給你機會去發表你的研究。

　　要能夠進入全國性的網絡和機構。這些將提供你機會和來自不同背景的人建立起聯繫網絡。籌辦學術會議和座談會使你能與最好的研究保持不脫節，並且

鼓舞你的工作熱情。它們也提供你機會去對較大範圍的讀者群發表，提昇自我的形象，並和廣泛的讀者群分享一些觀念。

參加學術會議並發表論文

學術會議可能是一個絕佳的資源，你可以在學術會議中：

會見他人

正式發表之外的社交時間是你與其他機構和背景的研究者保持聯繫的最佳方式。就學習他人所進行的研究以及使你自己的思維精進這兩方面而言，你將從這些聯繫中獲得無價的寶藏。

保持更新

聆聽在這領域中最頂尖學者的言論，是保持與新觀念和新發展不脫節的好方法，同時可對有興趣的領域獲得立即的想法，或是瞭解存在於某一特殊領域中的爭論議題。

獲得新想法

學術會議中嘈雜擾攘的言談，卻可能開發出嶄新的想法。無論到那裡都隨身帶著你的筆記，記下演講中的關鍵字詞或要點。（如果你想要對演講錄音，你必須事先徵求其許可；如果被拒絕也不要不高興。）你的筆記常會促使你的思考更佳豐富化。許多研究者在學術會議中是以大綱的形式來寫作論文，你仍須從那兒擷取新的想法。這並不意味著你可以使用他人的構想而不必指出其出處，而是說當你仔細聆聽他人的言論時，可以在自己的腦中激發出新的構想。

學習如何發表論文

你可以學習到許多有關如何組織題材、如何吸引人們的注意、以及如何演說的方法。注意優秀的演說者一看他們如何因應聽眾、處理問題、使用投影片（OHP）和其他的演說器材。你須向最好的演說者學習，並見賢思齊。

提昇自己的形象

學術會議中總是會有一些「內部團體」的人，你會在令人意外的短時間內變得有名了。像這樣的聯繫所提供的同儕情誼及智性刺激，非常有利於提升你自

己的士氣，並提供你一個所有認真的研究者都需要的對話社群。

發表論文

這似乎是會令新手研究者感到非常怯步的事，但是發表論文是一個可以充實自己並使研究更有價值的經驗。撰寫論文幫助你整理自己的想法，而發表論文則是擴展自己思維的重要經驗。獲得回饋更可提供甚具價值的洞察，讓你更能精進思維。

協商以發表論文

大部分的組織或機構都會邀請你繳交一份計畫書。這通常要經過審查，因此要讓你的論文被接受並不是一件容易完成的事。不過，當它被學術社群所接受時，即顯示出你的研究對同儕的專業人員具有相當的價值。你可能被要求事先寄去一份摘要，以放進研討會的議程裡。

發表論文演說

請提前演練。撰寫你的論文，但不要只是向你的聽眾念稿子（這會很無聊！）你只須概述你的主要重點，然後用較大的字型將它們寫在一至兩張紙上，以使你可自發性地演講，又可保持在主題上。

發表行動研究成果：創作生活理論

用投影片或其他視聽器材來輔助你的演講。事先要把它們按順序放好，然後將其編號。在你的演講稿上註記其編號，以提醒你要使用它們。像這樣事先準備絕對是必要的。

　　把你的演講稿製作成一份大綱。決定是在演講前將它發出去或是留在最後再發，並且讓你的聽眾知道你的決定。請注意，如果你事先就將你的論文影本發放下去，聽眾們將在你完成演講前就已讀過它了；然而，你也許想在演講中去討論論文中的一些論點，讓聽眾保持沒有成見地參與，可能較好一些。

　　保持輕鬆但態度認真。你的聽眾是有知識的，所以不要試圖以高分貝的聲量去壓倒他們的觀點。聽眾們會給你支持，所以不要預設任何敵意。

處理問題

　　你應在演講一開始就讓你的聽眾知道是否或何時可以提問題或意見─是在演講之間（這意味打斷你），或在結束後。對所有的問題表示致謝，並且盡可能地多回答問題。如果你不知道答案就照實說，人們會尊敬誠實的行為。對問題提供簡潔的答案，而且不要被迫因倉促回答某事而離題了。在所有時刻都保持禮貌和友善。人們傾向於重視那些與他們有所關連的意見，所以當他們不是很重視你的意見時，也無須擔心或憂慮。

公開發表也是對公眾理論（public theory）和知識—知識論（epistemology）—做出貢獻。這在行動研究中特別的重要，因為它所貢獻的是生活理論（living theory），與其他類型的理論具有不同的知識論基礎，我們稱之為實務知識論（epistemology of practice）。

知識論並不是一個經常出現在專業文獻上的字眼，但它與研究有所關聯。假使你要將你對教育實務的描述轉換成學說理論，當你能理解它們所將貢獻的知識體系時，你會做得更好。這個我們所討論的知識體系，是由像你和我們這樣的教育工作者的「生活理論」所建構起來的。理解這個知識被建構的根基，即是理解其知識論。

> → 如果你可以提供一個你如何透過行動研究改善了教育實務的確證說明，你已經對「生活理論」的建立做出了貢獻。

生活理論是由你對如何促進更有效之教育實務工作的描述和說明所建構起來的（Whitehead,1989）。你運用來說明你行動的原則，係來自於在你的實務工作中被具體化的教育價值觀。這些是你測量有效性的評鑑指標。驗證的過程端賴你是否能夠提供具有說服性的論證，以呈現你的描述之重要性和恰當性，以及顯現它們對你的解釋的直接貢獻。

> → 如果你可以描述和說明你如何奠基於自己的教育價值觀，來改善了教育實務工作，你已經開始發展用以理解自己專業知識之根基的解釋原則了。

　　當你解釋你的教育實務工作時，你應該奠基於你自己的價值觀。作為一個教育工作者，你對教育目標的追求，使你自己的教育價值觀真正落實在你的實務工作中。因此，你對教育實務工作的解釋係奠基於你的價值觀，這是無庸置疑的。

> → 如果你的研究是你致力改善教育的行動，你已經展開以有系統的行動研究策略，來產生你對實務工作的知識。

你對實務工作的理解，與你用以改善它的方法是無法區隔的。社會科學和商業的研究方法提供在客體和實務目標之間的技術性聯結；反之，在行動研究中，方法和目的常常合而為一，因此在為實務、道德、立諾投入之行動來服務的行動研究中，方法論（methodology）和理論（theory）常緊密交織，我們即稱此為「實踐」（praxis）。在生活理論中，對教育實務的解釋特別強而有力，因為它們係來自於嘗試改善專業實務工作品質的部分過程；而你透過研究你的行動，降低了你的價值觀與實務工作間的差距，促進了實務工作的改善。

> → 如果你正試圖將自己的知識作為理論的根基，
> 你即是在發展你的個人實務知識論。

　　我們看到並非所有當前有關教育的知識，對解決我們所面臨的教育任務都是合宜的。如果我們要把教育工作做得更好，我們需要以生活理論形式提出專業知識。價值觀定義了教育的目的，因此它應是生活教育理論的核心。但是有關教育實務之生活理論的建立，卻可能發生在你尚不了解自己專業知識的根基之時。因此，當你能夠奠基於你自己的實務工作知識，而形成你的生活理論時，你就開始發展出你個人的教育實務知識論。

> → 如果你正試圖將個人的實務知識論公開發表，
> 你就是對實務工作的教育知識論有所貢獻。

　　我們想要在此強調，身為專業的教育工作者，對公眾知識有所貢獻是重要的。為此，你必須能夠立基於你的專業教育知識，來形成理論，並與其他形式的知識區分開來。我們主張，一旦將你個人的實務知識論應用於公共範疇，它們勢將對嶄新的實務知識論有所貢獻，與其他傳統的知識論並存。我們認為，你使教育實務公開發表的確證論述，將在對話社群間激發許多的個別論述（Lomax,1986a;Lomax and Evans,1995;McNiff, Whitehead and Laidlaw,1992:91-96;McNiff,1993: 71-98;Whitehead,1993）。有關方法的後設理論或是這種由知識社群所建構的生活知識，是我們所謂的「教育實務知識論」（epistemology of educational practice）。

表徵行動研究的方式

　　本章的結尾將提供有關撰寫報告的建議，可應用於教師或其他專業人士的檔案記錄，及為進階文憑或碩士學位所設計的專業發展學程中。在考量這些之前，我們要你先想想看是否寫一份結構嚴謹的報告是表徵你的行動研究的最好方式。你也可以敘事體形式（narrative form）來寫作，許多行動研者都這麼做。然而，這並不意味我們可以忽略以下的檢核表。即使是敘事體的寫作也必須能提供行動研究的完整圖像，所不同之處僅在於組織報告的方式。以敘事體來撰寫報告，訴說的是整個研究故事，同時最好能以故事方式呈現，而不是段落分明的章節。

透過寫作來溝通意義

　　寫作在行動研究中並不只是將你的意思向第三者溝通的一種方式而已。寫作本身就是使作者展權增能（empowerment）的一種方式。舉一個在前文中曾提及的例子，Jean曾寫道：

我在寫作中開發了自己內在的潛隱知識。透過我的
行動表現，擴展了我的思考能力。我的寫作成為思想的
象徵性表達（這就是我的意思），和對思想的批判性省思
（我真的認為如此嗎？）。我的寫作既是對行動的省思
（我寫了什麼），也是在行動中的省思（我正在寫什麼）。
這個透過寫作歷程，使內在思考歷程顯現出來的行動，
使我能對於我直覺地投入的實務工作形成明確的理論。

（McNiff, 1990:56）

　　我們（Jean,Pam,and Jack）已透過將我們之間的
真實對話出版，實地示範了一個表徵意義的辯證方式
(dialectical way of representing meaning)，顯
現一個生活理論如何被建立起來。這樣的表徵行動研
究的方式被視為是現有命題形式的一種替代方式。
Jack Whitehead (1993:69) 認為，一個完全命題的
形式極易掩蓋了教育理論的「生活的形式與內容」
(living form and content)，阻礙了對表徵教育研
究而言很重要的透明原則 (Lomax,1994b)。命題形式
排除了產生連結的選替方式；而其確定性的前提，亦
不適用於在理解連結上可能會產生矛盾衝突的生活式
探究。在Kevin Eames (1995) 的博士論文《作為一
個老師與教育行動研究者，我如何描述與解釋專業知
識之性質？》中，他呈現了表徵意義的辯證方法如何
能提供專業知識，以作為教學的基礎。

故事

　　故事（story）是表徵行動研究的另一種方式。在故事中前後連貫的邏輯並不是必要的；甚至對後現代小說而言，傳統故事體裁的開頭、中段、或結尾已被懸宕了。故事的豐沛生產力在於它同時鼓勵作者們和讀者群，對故事進行多樣化且獨創性的詮釋。Moyra Evans（1993）所應用的故事體裁是一個很好的範例，是敘事體如何能使作者的理解產生轉型，並使讀者也能投入於故事的發展之中。Evans曾利用行動研究來促進教職員工的專業發展，在與一個學科部門一起工作一年之後，她以科幻故事的形式來呈現她的資料。她寫的故事與劇中演員們的信仰和價值系統一致，如同作者所詮釋的。不過故事呈現了多樣性的意義，Evans決定和教師們一同去探索，並以故事來刺激思考。她所設定的議題是希望去開啓一個有關學校是否應支持以教師為中心的主動學習之論辯。這個故事很適合閱讀和討論過教師主動學習之議題的學校，並且老師們可以去討論那些他們認為在學校中可行的策略。Kathy Carter說故事是「有關某事的理論。我們所說的和我們如何說，與我們所相信的有所關連」。故事是「被作者的心理衝動和敘事需求所形塑出的詮釋歷程之產物」（Carter，1993:9）。Evans相信寫作一個故事牽涉到作者如何組織其資料，使故事具有前後一致性和連貫性。就像McNiff，Evans將它看

成是一種探索，而尋求故事背後的理論，比故事是否真實的議題本身，更為重要。

蛇行圖

Zoe Parker（1993；1994）曾探究如何應用蛇行圖，作為表徵對實務工作之描述與解釋的方式。蛇行圖（snake charts）是一種製圖者以波浪形曲線來標示出重要事件，並用簡短的摘要加以註解的圖形。Parker的研究是關於兼職研究生的工作經驗，她將這些與她同班、且同樣關心自己的研究的其他研究生視為協同研究者，使用蛇行圖為工具來省視她自己和協同研究者們的實務工作。當和他們一起工作時，她一開始會詢問一些焦點集中的問題，像是「是什麼促使你去做你的研究？」以及「你的研究與你作為一個學習者的生活如何相容，或有何差異？」。她形容蛇行圖是在一些轉捩點之間移動的曲線，標示出在該學習者的生活中具有重大意義的關鍵時刻、想法或人物。這個蛇形曲線可從任何時間點開始，並且不需要依照時間順序的線性進度來移動。有些協同研究者喜歡將類似的圖表看成是一條長河或其他的隱喻。而「關鍵點」（key points）的選擇是由這些協同研究者來決定，而針對這些關鍵點的討論則成為他們為這個蛇行圖所作的註解。於是，這些圖表變成雙向度的概念化描述，並以三向度的詞彙來表達；也就是說，這個表

徵符號雖是平面的，但在討論中充分表達的論述（以錄音記錄），則增加了它的深度。製作此一圖表，提供了回顧的機會，而不去限定它們之間的關係應是什麼。它提供我們一些機會，去檢證在實務工作上所存在的矛盾；鼓勵提出獨特且個人的觀點，以傳遞價值和行動，並且促使研究對象進一步去發展其理解。在協同合作時，協同研究者彼此之間不同的詮釋可以被容忍，並增加一個對話的要素，促使主體內部的辯證可轉移為主體之間的辯證形式。

在探究之不同階段，行動研究的表徵可包含實務工作的概念如何隨時間而改變。新的表徵方式，有助於研究者表達其對於探究之進度與過程的感受，包括容忍在實務和意圖之間的矛盾衝突。這些可以誘使研究者重新思考他們所做的，並將省思和辯證的批判融入於過程之中（Winter,1989）。透過新的表徵形式，行動研究者既可論述他們的工作，又可展現他們的論述是確實可信的。

這些相關的論述大部分收錄在Lomax,P.and Parker,Z.（1995）所寫的《為自己論述：表徵行動研究的難題》一文中，刊登在劍橋教育期刊第二十五期第三卷（Cambridge Journal of Education, 25 (3)）中。

撰寫報告

　　報告都需要清楚且明確的描述。什麼資料要放入報告中，取決於它的目的（purpose）和它所要呈現的讀者（audience）。這兩個因素決定了寫作的風格和內容。舉例來說，在第四章中，我們區分了一些內容的類別，不同對象有其不同的關注和興趣：

→ 你的老闆—聚焦於機構的發展成果。
→ 你的同事們—聚焦於教學或管理的過程。
→ 你的指導教授—聚焦於適當學習的示範。
→ 你的學術同儕—聚焦於對原創知識的貢獻。

　　你的寫作也可能在不同的出版背景之下，要求不同的風格和焦點。舉例來說：

→ 新聞—簡短、犀利、聚焦且主題明確。
→ 專業通訊—與實務工作上的實例和構想有關。
→ 教師的專業歷程檔案（portfolios）。
→ 專業發展學程。
→ 碩士論文。
→ 學術期刊—嚴謹的論證，與當前的學術論辯相關。

無論你為你的報告選擇那類的讀者，你必須做兩個重要的決定：

內容是什麼？

　　所有的行動研究報告都有一些有關內容的特定要求。行動研究的目的是為了改善你自己的實務工作，而且最後還能對改善如何發生做出一些宣稱，以使他人也能夠分享。這意味著你的研究報告必須以能說服讀者接受其真實性和重要性的方式，來呈現你的論點。

它將如何呈現？

　　如同提供一個適切的內容一樣，報告也必須以符合報告寫作慣例的方式來加以組織，例如，清楚的指示來引導讀者、標題來引起注意、清晰的表達、避免不必要的術語，以及優美的文辭和寫作技巧等。
　　以下是我們針對三種不同類型的報告，所建議的指導方針：

　　→ 教師的專業歷程檔案
　　→ 取得進階文憑的專業發展學程
　　→ 碩士論文的結構式報告

你被期待要去組織你的寫作，以為讀者提供清楚的指示，以便於他們可以透過你的論述，輕易地獲得他們想要的。你有責任去提供標題、將標題編號、以及其他可引導閱讀的技術。這樣做對你也有很多好處，像是讀者就不至於對你所說的意思產生誤解。溝通和呈現的技巧是非常重要的。

教師的專業歷程檔案

以下取材自Jean使用於和西英格蘭教育大學（University of the West of England Faculty of Education）有合作關係的都伯林瑪利諾教育研究所（Marino Institute of Education, Dublin）之教育碩士課程的一部分。她認為編輯教師專業歷程檔案的經驗應具有教育意義。請注意這些素材乃摘錄自較具綜合性的記錄中，但多少能讓我們明白準備教師專業歷程檔案的一些問題。

準備提交以取得先前學習的憑證

許多廣泛的經驗可能與你先前的經驗性學習有關。花一些時間思考在你過去經驗中，有那些情節可被視為專業的學習，製作一張依時間順序排列的清單。

當你提出你的主張而獲得憑證時，你必須同時展現學習的證據，並提供一個架構來省視學習如何影響你的實務工作 ...

理論架構

我們建議你採取一個理論架構，來編寫你的教師歷程檔案，使它依循兩個研究傳統。首先採取自傳式研究，第二個則是行動研究（也可能使用其他研究傳統的架構，例如：女性主義研究或政策研究）。

一個編寫教師歷程檔案的好方法，是將你自己的近況做一個簡短的概述，換句話說，就是（1）探究你自己的生平傳記；（2）呈現出你的專業學習如何有助於對你的情境發展出批判性的覺察，以使你可在實務工作中活出自己的價值。

你必須隨時讓你的專業學習彰顯出來 ...

報告的形式

對每一個單元，你所提交的證據，也就是你的報告、證書、和其他的資料，都應該納入一個簡短的報告中，構成你對知識的宣稱。

你的報告形式必須能呈現自我省思學習的過程，而且要以下列的問題為基礎：

→ 當我進行這個學習時，我希望探究的是什麼？

→ 為什麼我希望探究它？

→ 我認為我能做些什麼？

→ 我做了些什麼？

→ 我學到了什麼？

→ 我如何呈現我的學習？

→ 我如何評鑑這個探究對我的專業實務所造成的影響？

→ 作為一個專業人員，它如何能使我更充實？

在編寫你的教師歷程檔案時，你應訴說你的故事，例如你如何嘗試在你的實務工作中更充分地活出你的教育價值來 ...

發表行動研究報告

使用與你從事行動研究時相同的標題，對於編寫你的教師歷程檔案是很有幫助。如果你希望，你可以使用以下所給的標題。你也可以製作自己的標題，並使用以下所給的這個綱要計畫來作為一般性的指導方針或檢核表，以指示任何你需要放在報告中的項目。

你所關注的是什麼？

將研究放入情境脈絡之中。說明此時你是誰、你的背景脈絡是什麼、是什麼引發你的研究問題？這是

一個問題嗎？為什麼？它是良好實務工作的示範嗎？你是否已經提供對實務工作的描述，以使讀者能了解什麼事在你腦海中如此重要，以致你必須為它做一些事？

爲什麼你關心？

這裡你必須說明你自己作為一個專業人員的價值觀。如果你進行研究是為了去看看如何可以帶來改變，你需說明所需改變的情境是什麼？是否有一個難題與你所相信的事相違背？是不是為了證明你所相信的，以致你認為必須分享好消息？是不是你必須依據你對好的實務的觀點來進行評鑑，才能確知該情境是否符合你看待事情的方式？

在這節中你應該試著讓你的研究問題與你作為一個專業人員所持的價值觀相連結，並且證明從事這個研究與你的生活有多大的關連。你已經討論過你的知覺是正確的嗎？你認為你的介入是正當的嗎？為什麼你不能容忍曖昧不明？為什麼你不能獨善其身？這是一個嚴肅的議題，是一個你需要高度意識來處理的議題，因為這將顯示你的介入並不是阻礙，而是道德立諾的行動。

你如何呈現你認爲需要去進行研究的證據？

那兒出現了一個問題嗎？如果是，你的讀者如何能夠去了解問題是什麼？那兒有一個慶典嗎？對於這

個情境，你能呈現出什麼樣的圖像？提出一些證據，去顯現情境像什麼，並表明為什麼你認為你想要去探究它？

你可以做些什麼？

在此你必須詳細說明你所想像到的可能解決方法。也許你已經想到一大堆解決方法了！你選擇那一個？為什麼？為什麼你決定用這個解決方法而不是其他的？

你做了些什麼？

那個解決方法你曾嘗試過？它容易嗎？它簡單明瞭嗎？你只固守一個單一的途徑，或是你曾快速地嘗試過數種解決方法了？你曾在中途改變心意或半途而廢嗎？發生了什麼事？

這節打算提供此一程序的說明。務必記得你的讀者對你所做的一無所知，因此你需要用很簡單明瞭的方式來講故事。講述那些淺顯易懂的。讀者通常會期待最清楚明白的事，因為那些最淺顯易懂。你必須只講述那些清楚明白的，即使如此做似乎太誇張了。

用錄音機來錄下所說的故事，或對其他人說故事並請他們錄音或做筆記，這常是很有幫助的。當你對其他人說故事時，他們很可能會說：「當你...時，發生了什麼事？」他們會經常地逐一檢查你可能遺漏或說得不夠清楚的地方。向他人講述的方式可當作是

你的報告初稿。當你將它寫下來時，想像你正在將故事從頭到尾又講了一遍。

你提出什麼證據來證明你的行動和其影響？

現在你有必要對你的第二組證據作評論，然後試著去呈現你可能對研究情境造成的影響。你使用的是什麼資料蒐集技術？為什麼你選擇這些技術而不是其他的？你選擇來表徵改變的資料，有些什麼重要特徵？為什麼你選擇這些特徵而不是其他的？你的讀者可以清楚地看到你的證據，以及為什麼你認為這個證據是重要的（對判斷準則的解釋）？

在這個階段，你正在呈現真實的證據。這可以是用實地札記、逐字稿、錄影帶—節錄自你的原始資料—的形式來呈現。將所有的原始資料放在報告的附錄中。在本文中只須呈現原始資料的摘錄，作為顯示你實務工作已經獲致改善的證據。

你從證據中得到什麼結論？你如何判斷其有效性？

事情改變了嗎？你如何可顯示出那個改變？當你進行研究時，你所省思的是什麼？讀者可以在那裡發現省思的證據？（答案：在你的札記、在給你批判的諍友的書面記錄、在你的課外作業等等...）你有足夠理由相信你正在影響情境嗎？作為一位研究者，你發生了什麼事？對於你用來證立你的介入的理由，你是否滿意？你真的做了一些有益的事嗎？而被你的介

入影響了生活的人們，能證實你已做了一些對他們有
益的事嗎？

如何顯示你關心你的判斷是合理且正確？

　　你如何證明你正在影響情境、事情正在改善、你
改變了自己和情境的這些宣稱是有效的？誰是你的檢
證者？你工作場所的同事？你的指導教授？你的研究
參與者？你的批判的諍友？你的家人？有任何局外的
觀察者能扮演批判你工作的角色嗎？檢證的證據在那
裡？你所遵循的檢證日程表是什麼？你與參與者做了
錄音嗎？你從研究日誌和研究參與者的日誌中摘錄了
一些片段嗎？你是否要求同事去觀察你的教學，並和
你分享他們的觀察—你在報告中作了記錄嗎？你如何
能確定讀者可以相信你的報告，相信你並沒有杜撰任
何部分？

你如何修正你的實務工作？

　　這個研究對你的實務工作有何影響？你是否決定
繼續進行這個研究，並且將研究擴展至另一個議題？
你的研究是否已對你的工作場所造成影響，以致你有
必要繼續進行？其他人也參與其中嗎？
　　注意：雖然此處所呈現的架構是有關專業歷程的
研究，它對於撰寫任何行動研究報告都是有用的

進階文憑的專業發展學程

這是巴斯大學（Bath University）進階課程從1995年十月起所採用的行動研究第一學程的細節。

目的

這學程的目的是促使參與者能夠去完成一個行動探究（action enquiry）、了解行動研究的基本原則，並將此一研究策略的重要性延伸至機構的、地區性和國家政府的政策中。

組織

這個學程將始於引導參與者對什麼構成教育探究有所了解，促使參與者能在自己選擇的領域設計簡單的行動探究。這些探究將在四至五週的期間內完成，利用團體作為同儕學習的小組，可詳加討論與其探究相關的爭議和問題。行動研究報告的最後草稿，將作為參與者自我評量和同儕評量的基礎。

這個學程將在三個階段中進行。

內容

什麼構成教育探究？

　　參與者將提供一些在他們的專業實務中從事教育探究的例子。這些例子須和文獻探討中的例子有關，雖然其研究策略不同於行動研究。以質性或量化方法進行教育探究的適當性，將被提出來討論，例如個案研究、行動探究等。參與者將開始形成他們自己的個人行動探究，在本學期剩餘時間內完成（這可以是一個個別或團體的探究）。

規劃和完成行動探究

　　參與者須提交一份其行動探究「設計」的草稿，作為討論的焦點。接著，他們應在其後的四至五週中完成他們的探究，並且向團體報告從探究中所引發的爭議與問題。這將是團體討論／分析／文獻參考等的焦點。在這期間，我們亦將考慮整合不同教育學派的方法和概念架構，以融入於教育探究中，例如概念分析、學習理論、自傳的使用和發表質性研究的敘事文等。

行動探究報告的最後草稿

　　參與者將呈現一份探究報告的最後草稿，這將被用來證實有關從探究中顯現的對知識之宣稱。有效性、合理性和嚴謹性的問題，將被提出和討論，而與教育知識政治學有關的問題亦然。稍後我們將聚焦於

以辯證的觀點來省視教育理論之不同概念的通法性。
參與者的探究之最後草稿，將形成自我／同儕／督導
三角評量的基礎。

碩士論文的結構式報告

　　這節將處理一份結構式、總結報告的內容，可以
用論文的格式來呈現。撰寫這類的報告，通常是在你
已完成前一章所提示的檢證程序之後。記住這只是一
個例子而已。你可改變論文的結構安排，以適合你自
己的風格和你的方案內容。下列所提供的例子只是一
個廣泛的綱要，只是要呈現其邏輯順序。

結構報告的幾部分

→ 主題頁（The title page）。

→ 摘要（Abstract）。

→ 目錄（Contents）〔包括附錄的目錄〕。

→ 表／圖 （Illustration ∕ Figures）。

→ 致謝辭（Acknowledgements）。

→ 緒論（Introduction）。

→ 本文（Body of text），分成幾個章節。

→ 參考書目（Bibliography）。

→ 附錄（Appendices）。

章節目錄的說明

摘要

這是由大約兩百五十個字左右組成，並且以現在式來書寫。它描述研究工作的結構、目的、方法、和研究重要性。它應該使其他研究者能夠去衡量論文中所涵蓋的材料是否與他們的興趣相關。

緒論

這應該放在本文的主體之前，包含：一般背景、與研究有關的角色、研究此一特別領域的理由和目的、主要的研究宣稱或發現，以及對論文內容的簡要敘述。緒論應該為讀者指引方向，並引介到其他有關連的章節。

第一章：研究焦點

此處應該引述相關的文獻或實務工作，去辨認和討論一個特定的疑問或問題。它應該為你的研究提供理論基礎，特別是就它在教育上的重要性而言。

第二章：研究背景

這一章的目標在為你研究提供背景脈絡的敘述。說說你是誰、你在那裡工作、以及一些關於你工作場所的特色。不必提供一個生活史，但是要讓讀者熟悉你的背景，以至於讀者可以理解你研究的相關性，和它可能對你的專業學習造成的影響。

第三章：研究方法

　　這一章應討論你所應用的研究方法、用以分析資料和證據的模式，以及選擇這些方法的理由。你必須說明為何選擇這個研究設計和方法論。為什麼你選擇了實務工作研究，而非經驗性研究？為什麼你選擇了這個模式而非其他的？你必須呈現出你對行動研究文獻的知識。同時，你也要去表明你正在對自己的假定提出質疑，而且你也很清楚不同研究傳統的知識論和方法論的假定。你呈現了一個發展完備的論證，來證明你已經理性地分析了這些議題，並且可以在理性的基礎上為你方法論的選擇辯論。

第四章：方案

　　去弄清楚你對資料的「描述」和「解釋」之間有何不同，對你而言是重要的，雖然在方案執行期間，這些描述和解釋有可能密切關聯。

→ 資料的描述：這應該能說明研究在不同階段中的進展，包括：相關事件的時序發展表、不同研究循環的圖解表徵、摘要表等。

→ 資料的解釋：你主要的結果／宣稱是什麼？這些宣稱如何被你的資料所支持？是否你已檢證了這個聯結？

第五章：重要性

討論你的研究對於你在報告第一章中所界定的議題有何重要性。

→ 你自己的理解如何地進展？
→ 對你的機構而言，你的研究有何關聯？
→ 它如何與其他研究產生聯結？
→ 它對理論有貢獻嗎？
→ 你的工作對理論、實務、和研究可能帶來什麼樣的未來發展？

參考書目

請確定你的所有參考文獻和引述都收錄在你的參考書目中，並確定你遵循組織參考書目的傳統格式，例如美國心理學學會的APA格式，或者是哈佛系統（Harvard system）。你的指導教授將提供有關任何適合機構風格的指導方針。

附錄

這是呈現你所有原始資料的地方。附錄可依據你所蒐集的資料來加以組織。

發表你的論文

→ 本文應該以雙行方式（double spacing）來做文字處理或打字。

→ 內部的邊界為1.5吋。

→ 本文主體的各頁應該用阿拉伯數字來標示頁碼。本文之前則以羅馬數字來標示頁碼。

→ 所有材料都必須被歸類和加上標籤。表格和圖形都應該有完整和明確的標題。參考文獻必須是正確的。

→ 所有的引述都應該加上適當的引注和頁碼。

→ 引注和參考書目應該使用「參考書目」之標準格式。不須使用註腳。所有的參考文獻和引注都應包括頁碼。

→ 附錄可不必包括原始資料。附錄主要是衍生資料（例如，未在本文主體中涵蓋的表格和圖形），檔案材料的實例（如問卷），或關鍵會議的摘要（例如檢證會議）。使用檔案匣來收納原始資料，以及龐大的原創資料，像是錄影和錄音帶等。在你的附錄中列出檔案材料表。

出版研究報告

　　不管你寫的是那一類的報告，很重要的是不能讓它只是放在圖書館的書架上蒙塵，而要將它放在公共的活動場所中。嘗試去出版，並和他人溝通你的研究。

　　以市場為目標。透過閱讀一些期刊，去感覺文章的風格。再去讀「投稿須知」，然後照著做。接著以編輯者所要求的正確方式繳交你的論文。否則，你的論文可能立即遭到退稿的命運。

　　準備編輯你的論文。大部分的論文會被寄給審查者進行審查，再將其評論意見寄回給作者，你必須密切地注意審查者的意見。即使你並不完全按照每一審稿建議去改寫論文，你還是應該考慮稍作修改。

　　準備精簡你的論文。這可能是很痛苦的，但你仍必須狠下心來如此做。任何你在這階段所刪去的材料，可能被暫存而在以後的論文中使用，所以先前的努力和提出的構想並不會白白浪費掉。

撰寫報告檢核表

下列的檢核表將幫助你去評鑑報告的內容和組織。

1. 你是否以讀者容易取得全部論證的方式去組織你的報告？

    → 開頭就提供解釋性的陳述或摘要？
    → 提供次標題？
    → 結論式陳述或摘要？

2. 你是否已解釋做此研究的理論基礎，並設定你的整體目標？

    → 對學校/機構有那些重要性？
    → 與你的價值立場有關嗎？
    → 與其他工作/研究有關嗎？

3. 研究進行的背景脈絡已被描述了嗎？請記得保留同事的匿名，並為你的機構取一個假名！

4. 你解釋自己在研究背景中的角色了嗎？對你的角色而言，這個行動的意涵是什麼？

5. 你是否解釋為什麼你會選擇行動研究策略/方法論作為達成目標的有效方式？

    → 行動研究是什麼？
    → 你如何使用它？
    → 它有什麼限制和優點？

提交論文

6. 你是否描述了你監督研究所使用的特別技術？

→ 你為什麼做這些選擇？

→ 還有誰也參與其中？

→ 你是否將時間計畫列入？

7. 你已清楚說明研究過程了嗎？

→ 你解釋了資料如何產生嗎？

→ 你清楚地描述資料並說明它如何被分析嗎？你是否使用行動研究的循環？

→ 你解釋了資料的重要性？

→ 你清楚地陳述了分析的結果嗎？

8. 你描述了檢證的程序？

→ 形成性評鑑在行動研究循環中扮演怎樣的角色？

→ 你呈現和討論最後檢證會議的結果嗎？

→ 你研究的可信度、正確性及相關性一致嗎？

9. 你解釋了研究對於你個人和專業實務的啟示嗎？

→ 對個人專業實務有較好的理解？

→ 成功地達成計劃中的改變？

→ 對與較廣泛專業情境有關的個人實務有較好的理解？

10. 你是否採取所有必要的預防措施，以正確的方式去呈現你的參考書目和引注？你是否做了校對的工作？

寫書

　　以市場為目標。先看看在你領域中的那些書籍，誰出版了它們？去感覺這些書籍的風格、內容以及書籍的一般外觀。然後列出你認為可能會對你的書有興趣的出版商名單來。出版商的地址通常會出現在書上。如果沒有的話，就去找一本《作家與藝術家手冊》(The Writers' and Artists' Handbook)，會有所有你所需要的地址。

　　一旦你對你的書有了很好的構想，將你的構想組織成一個計畫書，然後把它寄給出版商（通常他的編輯也會是你所專長的領域）。使用下列的標題，在二到三張A4的紙上寫下你的構想：

- → 本書的理論基礎。
- → 關於作者。
- → 本書的目錄。
- → 可能的市場（以及，可能與市場策略有關的意見）。
- → 其他可買到的相關書籍（這些將是競爭對手）。
- → 寫作本書的時間進度。

　　附上一些寫作的樣本，可能是一章或兩章，或是從好幾章中摘錄出來的選粹。編輯者需要了解你的論文風格為何。

如果你認為這是一個高度的要求，記住編輯者有著一堆陸續提出的計畫書等著要處理。這是一個非常競爭的領域，而預算卻是有限的；因此你必須將你的論文推銷給出版商，如同他們也將必須將書籍推銷給消費者一般。

　　出書的人常是強迫性的作家。他們必須是如此。要有心理準備你可能必須重新修正草稿至少三次，且常常更多次。這可以花掉你數月或甚至數年的時間。你得容許自己花很多時間。無論如何，現在就去做吧！否則其他人可能會搶在你之前先將其構想付諸出版！

　　請容許較多時間來出版一本書籍，當它回到你手上的時候，你可能只能在校對階段再見到它一次而已。這之後你只能期待等候數月─甚至會超過一年─讓它出版成為一本書。

　　沒有任何事可像看到自己的名字被印成鉛字時那般令人興奮。從開始進行你的方案，到如今它被出版並放在公眾的領域，這所有的辛苦努力都是值得的。所有的血汗和淚水都是為了這了不起的事而流。當你已完成了對你自己而言甚具價值的事，而且當聽到別人提及他們發現你的見解很有價值時，你更會覺得倍受肯定。

參考書目

Altrichter, H., Posch, P. and Somekh, B.(1993) ‘The research diary: companion to the research process’ in Teachers Investigate Their Work, London: Routledge, 10-32.

Bassey,M.(1995) Creating Education through Research, Newark: Kirklington Press.

Bayne-Jardine, C. and Holly, P. (1994) Developing Quality Schools, London: Palmer Press.

Belenky, M., Clinchy, B,, Goldberger, N. and Tarule, J. (1986) Women’s Ways of Knowing, New York: Basic Books.　·

Bennett, N., Glatter, R. and Levacic, R. (Eds.) (1994) Improving Educational Management through Research and Consultancy, London: Paul Chapman Publishing /Open University.

Boud, D. and Griffin, V. (1987) Appreciating Adults Learning, London: Kogan Page.

Brennan, E. (1994) Teaching German to a poorly motivated first year class’ in McNiff, J. and Collins, U. (Eds.) A New Approach to In-Career Development/or Teachers in Ireland, Bournemouth: Hyde Publications.

Burgess, R. (1985) ‘Keeping a research diary’ in J. Bell (Ed.) Conducting Small-Scale Investigations, London: Harper Row.

Carter, K. (1993) “The place of story in the study of teaching and teacher education’ in Educational Researcher, 22 (1) 5-12,18.

Cluskey, M. (1996) "The paradigms of educational research and how they relate to my practice' in Action Researcher, 4, Bournemouth: Hyde Publications.

Collingwood, R. (1939) An Autobiography, Oxford: Oxford University Press.

Collins, U. and McNiff, J. (forthcoming) A New Approach to Pastoral Care through Action Research, Bournemouth: Hyde Publications.

Connelly, M. and Clandinin, J. (1990) 'Stories of experience and narrative enquiry' in Educational Researcher, 19 (5) 2–14.

Dadds, M. (1995) Passionate Enquiry, London: Palmer Press.

Diamond, P. (1988) 'Biography as a tool for self-understanding', unpublished paper presented at the University of Surrey.

Eames, K. (1995) How do I, as a teacher and an educational action researcher, describe and explain the nature of my professional knowledge? Unpublished PhD thesis. University of Bath.

Elliott, J. (1991) Action Research/or Educational Change, Milton Keynes: Open University Press.

Evans, M. (1993a) An action research enquiry into my role as a deputy headteacher in a comprehensive school, Transfer report from MPhil to PhD, Kingston University.

Evans, M. (1993b) 'Using story as an aid to reflection in an action research cycle: just to tell me what to do', a paper presented at the British Educational Research Association annual conference, Liverpool.

Evans, M. (1996) An action research enquiry into reflection as part of my role as a deputy headteacher, Unpublished PhD thesis, Kingston University.

Fleischmann, A. (1996) 'Spotting their intelligences' in Action Researcher, 4.

Follows, M. (1989) "The development of co-operative teaching in a semi-open-plan infant school' in P.Lomax (Ed.) The Management of Change, Clevedon: Multi-Lingual Matters, 78–86.

Forrest, M. (1983) 'The teacher as researcher – the use of historical artefacts in primary schools'. University of Bath, unpublished MEd dissertation.

Gardner, H. (1983) Frames of Mind; the Theory of Multiple Intelligences (Virago).

Gelb, M.J. and Buzan, T. (1995) Lessons from the Art of Juggling: how to achieve your full potential in business, learning, and life, London: Aurun.

Griffiths, M. (1990) 'Action Research: grass roots practice or management tool?' in P.Lomax (Ed.) Managing Staff Development in Schools: an action research approach, Clevedon: Multi-Lingual Matters, 37–51.

Hannon, D. (1996) 'Preparing student teachers to respond to special educational needs: science boxes for children being taught at home or in hospital' in P. Lomax (Ed.) Quality Management in Education, London: Routledge and Hyde.

Hewitt, T. (1994) 'Networking in .action research communities' in Action Researcher, 1.Holly, M.L. (1989) 'Reflective writing and the spirit of enquiry' in Cambridge Journal of Education, 19 (1) 77–80.

Jones, B. (1989) 'In conversation with myself: becoming an action researcher' in P. Lomax (Ed.), Managing Staff Development in Schools: an action research approach, Clevedon: Multi-Lingual Matters, 47–62.

Kemmis, S. and McTaggart, R. (1982) The Action Research Planner, Australia: Deakin University Press.

Laidlaw, M. (1994) "The democratising potential of dialogical focus in an action enquiry' in Educational Action Research, 2 (2) 223–242.

Laidlaw, M. (Ed.) (1996) `Conversation`, in Action Researcher, 4.

Lewin, K. (1946) `Action research and minority problems` in Journal of Social Issues, 2.

Linter, R. (1989) `Improving classroom interaction: an action research study`, in P. Lomax (Ed.) The Management of Change, Clevedon: Multi-Lingual Matters, 88-97.

Lomax, P. (1986a) `Action researchers` action research: a symposium` in Journal of In-Service Education, 13 (1) 42-49.Bibliography 151

Lomax, P. (Ed.) (1989) The Management of Change, Clevedon: Multi-Lingual Matters.

Lomax, P.(Ed.) (1990a) Managing Staff Development in Schools, Clevedon: Multi-Lingual Matters.

Lomax, P.(1990b) `An action research approach to developing staff in schools` in P.Lomax(Ed.) Managing Staff Development in Schools, Clevedon: Multi-Lingual Matters, 2-7.

Lomax,P.(Ed.) (1991a) Managing Better Schools and Colleges: An Action Research Way, Clevedon: Multi-Lingual Matters.

Lomax, P. (19910) `Peer review and action research` in P.Lomax (Ed.) Managing Better Schools and Colleges: An Action Research Way, Clevedon: Multi-Lingual Matters, 102-113.

Lomax, P.(1994a) `Management training for schools and colleges` in P. Lomax and J. Darley (Eds.) Management Research in the Public Sector, Bournemouth: Hyde Publications.`

Lomax, P. (1994b) `Action research for managing change` in N. Bennett, R. Glatter and R. Levacic (Eds.) Improving Educational Management through Research and Consultancy,- London: Paul Chapman Publishing /Open University, 156-167.

Lomax, P. (1994c) 'Standards, criteria and the problematic of action research' in Educational Action Research, 2 (1) 113-125.

Lomax, P. (Ed.) (1996) Quality Management in Education, London: Routledge and Hyde.

Lomax, P. and Cowan, J. (1989) 'Reflecting on the action: questions of assessment and accreditation' in P. Lomax (Ed.) The Management of Change, Clevedon: Multi-Lingual Matters, 114-129.

Lomax, P. and Jones, C. (Eds.) (1993) Developing the Primary School to Implement National Curriculum Key Stage 1 Assessment: action research case studies, Bournemouth: Hyde Publications.

Lomax, P. and Evans, M. (1995) 'Working in partnership to implement teacher research', a paper presented at the American Educational Research Association annual meeting, San Francisco; available on ERIC.

Lomax, P. and Parker, Z. (1995) 'Accounting for ourselves: the problematic of representing action research' in Cambridge Journal of Education, 25 (3) 301-314.

Lomax, P., McNiff, J. and Whitehead, J. (1996) Action Research Case Studies: applying the criteria and standards for excellence, London: Routledge and Hyde (forthcoming).

Lomax, P., Woodward, C. and Parker, Z. (1996) 'Critical friends, collaborative working and strategies for effecting quality' in P.Lomax (Ed.) Quality Management in Education, London: Routledge and Hyde.

McCarthy, M. (1994) 'Teaching an English novel to first year students' in McNiff, J. and Collins, U. (Eds.) A New Approach to In-Career Development for Teachers in Ireland, Bournemouth: Hyde Publications, 33-40, 49-53.

McDermott, K. and Corcoran, P. (1994) 'Friendship groupings' in McNiff, J. and Collins, U. (Eds.) A New Approach to In-Career Development for Teachers in Ireland, Bournemouth: Hyde Publications, 83-93.

McNiff, J. (1988) Action Research: Principles and Practice, London and New York: Routledge.

McNiff, J. (1990) 'Writing and the creation of educational knowledge' in P. Lomax (Ed.) Managing Staff Development in Schools: An Action Research Approach, Clevedon: Multi-Lingual Matters, 52-59.

McNiff, J. (1993) Teaching as Learning: an action research approach, London and New York: Routledge.

McNiff, J. (1995) 'Competing freedoms and warring monologues: issues of legitimation and power in self-reflective practice', a key-note address to the special interest group for the self-study of teacher education practices, American Educational Research Association annual meeting, San Francisco.

McNiff, J. (1996) 'How can I be critical of my own self-reflection?' in Studies in Continuing Education, 17 (1).

McNiff, J., Whitehead, J. and Laidlaw, M. (1992) Creating a Good Social Order through Action Research, Bournemouth: Hyde Publications.

McNiff, J. and Collins, U. (Eds.) (1994) A New Approach to In-Career Development/or Teachers in Ireland, Bournemouth: Hyde Publications.

McNiff, J. and Stanley, M. (1994) GC5E Psychology Courseware: A Practical Guide, Bournemouth: Hyde Publications.

McTaggart, R. (1990) 'Involving a whole staff in developing a maths curriculum' in P.Lomax (Ed.) Managing Staff Development in Schools: An Action Research Approach, Clevedon: Multi-Lingual Matters, 70-81.

Nicholas, M. (1996) 'Towards a better understanding of changing gender dynamics in a mixed ability middle school classroom' in P. Lomax (Ed.) Quality Management in Education, London: Routledge and Hyde.

Nonaka, I. and Takeuchi, H. (1995) The Knowledge-Creating Company: How Japanese Companies Create the Dynamics of Innovation, Oxford: Oxford University Press.

O' Sullivan, E. (1994) 'Towards a vision of our school' in J. McNiff and U. Collins (Eds.) A New Approach to In-Career Development for Teachers in Ireland, Bournemouth: Hyde Publications.

Parker, Z. (1993) 'Where do I go next on my journey to improve my practice as a researcher?', a paper presented at the British Educational Research Association annual conference, Liverpool.

Parker, Z. (1994) 'Making sense of interview data within the aims of an action research study', a paper presented at the Collaborative Action Research Network conference, Birmingham.

Pinnegar, S. and Russell, T. (1995) 'Self study and living educational theory', in Teacher Educational Quarterly, 22 (3).

Robson, C. (1993) Real World Research: a Resource for Social Scientists and Practitioner-Researchers, Oxford, UK and Cambridge, USA: Blackwell.

Rowland, S. (1994) The Enquiring Tutor, London: Palmer Press.

Russell, T. and Korthagan, F. (1995) Teachers Who Teach Teachers, London: Palmer Press.

Schon, D. (1983) The Reflective Practitioner: How Professionals Think in Action, New York: Basic Books.

Stenhouse, L. (1975) "The Teacher as Researcher' in L. Stenhouse An Introduction to Curriculum Research and. Development, London: Heinemann, 142-165.

Stenhouse, L. (1978) 'Case study and case records: towards a contemporary history of education' in British Educational Research Journal, 4 (2) 21–39.

Walker, D. (1985) 'Writing and reflection' in D. Boud, R. Keogh and D. Walker (Eds.) Reflection: Turning Experience into Learning, London: Kogan Page, 52–68.

Walker, R. (1993) 'Finding a silent voice for the researcher: using photographs in evaluation and research' in M. Schratz (Ed.) Qualitative Voices in Educational Research, London: Falmer Press.

Whitehead, J.(1989) 'Creating a living educational theory from questions of the kind, "How do I improve my practice?"' in Cambridge Journal of Education, 19 (1) 41–52.

Whitehead, J.(1993) The Growth of Educational Knowledge: creating your own living educational theories, Bournemouth: Hyde Publications.

Whitehead,J.(1995) 'Educative relationships with the writings of others' in Russell, T and Korthagen, F. Teachers Who Teach Teachers, London: Falmer Press.

Whitehead, J. and Lomax, P. (1987) 'The politics of educational knowledge', in British Educational Research Journal 13 (3) 175–190.

Winter, R. (1989) Learning from Experience, London: Falmer Press.

名詞索引

C

case records 個案記錄
case studies 個案研究
cause and effect relationships 因果關係
claims to knowledge 對知識的宣稱
collaborative research 協同研究
collaborative skills 協同合作技巧
conferences 學術會議
confidentiality 保密性
continuing professional development 持續的專業發展
contradictions 矛盾
      living contradictions 生活中的矛盾
criteria 準則
critical aspects 重要層面
critical friends 批判的諍友
critical incidents 重要事件
criticism 批判，批評
cultural renewal 文化更新
      social order 社會秩序
cycles of action research 行動研究循環
data: analysis 資料：分析
      authenticity 真確性
categories 類別
      collecting 蒐集
      management 管理
      retrieval 擷取
      storage 儲存
      validity 效度

D

data and evidence 資料與證據
data archive 資料檔案
dialectical critique 辨證性批判
dialogical community 辨證社群

diaries 日誌
drafting reports 草擬報告
drawings 繪圖

E
educational action research 教育行動研究
educational knowledge 教育知識
effectiveness, judging it 有效性
epistemology of educational practice 教育實務知識論
ethical considerations 倫理考量
evaluation 評鑑
evidence 證據
experiential learning 經驗性學習

H
How can I improve... 我如何改善....

I
"I" as focus of enquiry 以「我」作爲探究焦點
improving practice 改善實務工作
improving the situation 改善情境
inclusiveness 包容性
inservice education 在職教育
insider research 局内人研究
interaction charting 互動表
interaction process analysis 互動過程分析
interpersonal skills 人際技巧
interviews 訪談
intrapersonal skills 個人内在技巧

J
journals 札記

K

knowledge: 知識
        different interpretations of 不同的詮釋
        different forms of 不同的形式

L

learning as lifelong process 終身學習過程
legitimation, issues of 適法性議題
listening skills 傾聽技巧
living contradictions 生活中的矛盾
living educational theories 生活中的教育理論
literature search 文獻搜尋

M

making public 公開發表
management skills 管理技巧
monitoring the action 監督行動
motives for action 行動的動機
multiple intelligences 多元智慧

N

negotiated meanings 協商意義
networks 網絡

O

observation methods 觀察法
other people, working with them 一起工作的其他人
outcomes of research 研究結果

P

Participants in research 研究中的參與者
participants' rights 參與者的權利
participatory action 參與式行動

performance indicators 表現指標
photography 攝影
portfolios 歷程檔案
power relations 權力關係
practitioner research 實務工作者研究
praxis 實踐
      as morally committed action 道德立諾的行動
procedural analysis 程序分析
professional development 專業發展
professional practice 專業實務
progress reports 進度報告
public, making public 公開發表
publishing your work 出版研究報告
purpose of research 研究目的

Q
quantitative and qualitative techniques 量化和質性技術
questionnaires　問卷
     administering 實施
     constructing 建構
questions, types of 問題類型

R
reconnaissance 偵察
records 記錄
report, see writing 撰寫報告
representation, forms of 表徵的形式
research, different kinds of 研究
research focus 研究焦點
resourcing 資源化

S

scientific method 科學方法
self-reflection 自我省思
self-study 自我學習
snake chart 蛇行圖
social intent 社會意圖
social order 社會秩序
social science research 社會科學研究
social situation 社會情境
social transformation 社會轉型
      cultural renewal 文化更新
solutions 解決方法
standards of judgement 判斷標準
story, use of 故事的使用
systematic enquiry 系統性探究

T

tacit knowledge 潛隱知識
time-lines 時間（進度）線
triangulation 三角檢證
transcripts 逐字稿
tutors 指導教授

V

validating action research claims 檢證行動研究宣稱
validation groups 檢證團體
validation meetings 檢證會議
validation procedures 檢證程序
validity, issues 效度議題
values in education 教育價值
videotape recordings 錄影記錄

W

writing reports 撰寫報告

行動研究

《生活實踐家的研究錦囊》

You and Your Action Research Project

原　　　著：Jean McNiff，Pamela Lomax，Jack Whitehead

譯　　　者：吳美枝、何禮恩

校　　　閱：吳芝儀

出 版 者：濤石文化事業有限公司

登 記 證：嘉市府建商登字第08900830號

發 行 人：陳重光

責 任 編 輯：吳孟虹

封 面 設 計：白金廣告設計 梁叔爰

地　　　址：嘉義市台斗街57-11號3F-1

電　　　話：(05)271-4478

傳　　　眞：(05)271-4479

戶　　　名：濤石文化事業有限公司

郵 撥 帳 號：31442485

印　　　刷：鼎易印刷事業有限公司

初 版 一 刷：2001年03月

二 版 四 刷：2006年12月

I S B N ：957-30248-7-X

總 經 銷：揚智文化事業股份有限公司

定　　　價：新台幣320元

E-mail ： waterstone@giga.net.tw

http://home.kimo.com.tw/tw_waterstone

研究方法 02

質性教育研究
《理論與方法》

Robert C. Bogdan & *Sari Knopp Biklen* ◎著
黃光雄 ◎主編/校閱
李奉儒、高淑清、鄭瑞隆、林麗菊
吳芝儀、洪志成、蔡清田 ◎譯
定價 450元

　　本書是「質性教育研究：理論與方法」的第三版。本書從第
一版到第三版的數年之間，教育研究發生了相當大的變遷。「質
性研究」一詞在二十年來逐漸增加其影響力，持續不斷地發展，
也獲致了豐碩的研究成果。1990年代以降，質性研究取向吸引了
更多曾經接受過量化研究訓練的人，也開始提倡質性研究應該要
比早期的方法更具結構性、且更系統化-強調質性研究技術更甚
於質性思考方式。同時，其他質性研究者則被強調後現代研究取
向的人文學者所吸引，不重視小心謹慎地蒐集實地資料，而更專
注於將研究作為透過書寫來表徵的方式，以及研究的策略。

　　本書的目的在於為質性研究在教育上的應用提供一個可理解
的背景，檢視其理論根基和歷史淵源，並討論實際進行研究的特
定方法，包括研究設計、實地工作、資料蒐集、資料分析、報告
撰寫等。本書最後一章則聚焦於質性教育研究之實務應用，討論
有關評鑑、行動和實務工作者的研究。我們希望本書對於即將展
開質性教育研究的初學者有所幫助，也希望對有經驗的教育研究
者而言，這是一本有用的手冊。

研究方法 03

質性研究入門
《紮根理論研究方法》

Anselm Strauss & Juliet Corbin ◎著
吳芝儀、廖梅花 ◎譯
定價 450元

　　紮根理論研究(grounded theory study)係由Barney Glaser和
Anselm Strauss在1967年提出，主張「理論」必須紮根於實地中所
蒐集和分析的「資料」之中，特別是有關人們的行動、互動和社會
歷程。即理論係在真實的研究歷程中、透過資料分析和蒐集的不斷
交互作用衍生而來。質性研究者在蒐集和分析資料的過程中常會面
臨許多問題，如：我如何才能理解這些材料呢？我如何才能產生理
論性的詮釋，另一方面又能將詮釋紮根於我的材料中所反映出來的
經驗現實？我如何能確信我的資料和詮釋是有效和可信的呢？我如
何能突破我自己在分析情境中所無法避免的歧見、偏見和刻板化觀
點？我如何將所有的分析單元整合在一起，以對所研究領域產生精
確的理論說明呢？本書的目的，即是在回答與進行質性分析有關的
這些問題，企圖為準備展開其初次質性研究方案的研究者，以及想
要建立實質理論的研究者，提供基本的知識和程序。

　　本書是譯自Strauss 和 Corbin有關「紮根理論」經典著作
「Basics of Qualitative Research」的第二版。在此一新的版本
中，作者對原有版本不足之處加以釐清和詳述，增加一些新的章
節，並重寫了其他章節。本書區分為三個主要的部分。第一篇包括
第一至第四章，為後續要探討的內容架設了穩固的舞台，提供必要
的背景資訊，以展開紮根理論的研究方案。第二篇呈現在發展理論
時會用到的特定分析技術和程序，包括第五章到第十四章。

應用心理 系列

生涯輔導與諮商《理論與實務》
吳芝儀 ◎著
定價 600元

　　本書彙整當前有關生涯發展、生涯選擇、生涯決定理論，及針對小學、中學、大專各階段學生實施的生涯輔導方案，以提供各級學校老師位學生實施生涯輔導與規劃的理論依據和策略參考。本書並彙整作者數年來帶領學生進行生涯探索與規劃的團體活動教材，除提供老師們設計活動之參考外，更可直接作爲學生自我學習的活動手冊，引導學生自行進行生涯探索與規劃。

生涯探索與規劃《我的生涯手冊》
吳芝儀 ◎著
定價 320 元

　　本書涵蓋了自我探索、工作世界探索、家庭期待與溝通、生涯選擇與決定、生涯願景與規劃、生涯準備與行動等數個與生涯發展相關的重要議題，均提供了循序漸進的個別或團體活動，以輔助青少年或大專學生的自我學習，並可運用於生涯輔導課程、生涯探索團體、或生涯規劃工作坊中，作爲輔導學生進行生涯探索與規劃輔助教材。

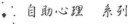 自助心理 系列

爲什麼得不到我想要的？
《自我基模改變策略》
Charles H. Elliott, Ph.D & Maureen Kirby Lassen, Ph.D ◎著
劉惠華 ◎譯
定價 280元

　　認知心理學領域最新的發展-基模治療-提供了一個革命性的新取向，來擺脫對自我價值和人我關係產生重大破壞的負向生活模式。本書運用自我評量測驗和練習，說明要如何辨識生活的不適應基模，檢視觸發它們的事件，而後發展適應的策略，以對自己與他人有新的了解。

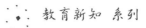

教育新知 系列

中輟學生的危機與轉機

吳芝儀 ◎著

定價 350元

　　本書彙整目的有二：一是試圖從多元層面理解中輟學生的問題，二是深入探討能解決中輟學生問題的有效中輟防治策略和選替教育方案。能提供關心中輟學生問題的教育、輔導、社福、警政、法務等不同專業領域的實務工作者參考，協力促成國內中輟學生教育和輔導方案的長足發展，以有效消弭青少年中途輟學或犯罪的問題，減低少年偏差和犯罪行為對社會之戕害。

英國教育：政策與制度

李奉儒 ◎著

定價 420元

　　隨著國內教育改革的風起雲湧，如何參考借鑑先進國家的教育政策與制度，掌握其教育問題與實施缺失，就成了比較教育研究的焦點。

　　本書的主要目的正式要分析英國近年來主要教育政策與制度變革之背景、現況與發展趨勢，提供給關心我國教育研究及教育改革者作為參考。

課程統整模式的原理與實作

周淑卿 ◎著

定價 280元

　　當國內教育提倡九年一貫課程，經驗豐富與否的國小教師，首當其衝便是思考如何結合理論與實務，進行課程設計。然而在課程設計實例中，我們總是依次又依次地相互詰問論辯，試著就一些統整課程的設計模式，思索如何實際運用於九年一貫課程的架構中。

　　本書旨在清楚陳述幾個課程統整的設計模式，包含基本理念及設計步驟，以及如何與九年一貫課程的能力指標配合。讀者可由各個模式的設計解說，配合實例對照，進一步了解這一些模式如何轉化為實際的方案…

青少年法治教育與犯罪預防
陳慈幸 ◎著
定價 420元

　　有人說，青少年犯罪問題是一個進步中社會的產物，而同時也是一個污點。但是正當這個污點逐漸趨向擴大為一種黑暗時，我們不覺深思，這群遊走於黑暗邊緣孤獨、無助、期待伸援的淪失靈魂，我們究竟該如何協助他在一線之間，回頭，走出沈淪？

　　刻板的刑罰，是最真確的輔導方式嗎？還是該給在觸犯法律之前，先給予正確的法治教育，才是更「溫柔」的關懷？………

婚姻與家庭
國立嘉義大學家庭教育研究所 ◎著
林淑玲 ◎校閱
定價 600元

　　隨著政治民主化、經濟自由化、生活科技化，婚姻還是一如過去一樣神聖而令人嚮往？家庭依然是價值觀傳承的殿堂以及每個人參心醉溫馨的避風港？面對今天這激烈變動的社會，夫妻關係、親子關係、家庭與社會的關係，該用什麼態度與方式來維繫與經營？顯然和諧家庭的建立，從鞏固婚姻關係開始；和諧家庭總是先有一對相處融洽的夫妻…

　　　　　　社會人文 系列

希望之鴿（一）（二）
國立嘉義大學家庭教育研究所 ◎主編
定價 240元；定價 220元

　　從國內外犯罪學家的研究發現，大部分的犯罪成因可謂與家庭因素息息相關，家庭教育的健全與否關係著該社會犯罪率的高低。本書集合32位收容人及每個家庭過去的成長背景、教育方式、及造成家庭成員墮落為犯罪者的無奈與辛酸、也包括收容人目前親職問題及其困難、與往後生涯規劃的瓶頸…

即將出版